职业教育城市轨道交通专业教材

城市轨道交通
车站客运组织与服务

（第2版）

张 燕 主编
龚秋菊 李宁川 副主编

电子工业出版社
Publishing House of Electronics Industry
北京·BEIJING

内 容 简 介

本书是职业教育城市轨道交通专业教材之一。教材的内容以轨道交通车站岗位需求、学生的认知规律及教师的教学积累为依据，融合了轨道交通车站客运组织与服务工作对职业技能的要求，构建了相关的理论与实践知识。经过与轨道交通企业专家进行深入、细致、系统的分析，最终确定了 8 个项目共 22 个任务，较全面地概括了城市轨道交通车站的功能及服务设备和设施、开关站、客流调查与分析、车站的日常客流组织、特殊情况下的车站客流组织、车站客运服务事务处理及客伤处理、城市轨道交通客运服务理念及标准、车站客运服务要求和技巧等内容。

本书可作为职业院校城市轨道交通运营管理专业（站务方向）及相关专业的教学用书，也可作为从事城市轨道交通车站服务的职工的参考资料和培训用书。

未经许可，不得以任何方式复制或抄袭本书之部分或全部内容。
版权所有，侵权必究。

图书在版编目（CIP）数据

城市轨道交通车站客运组织与服务 / 张燕主编. —2 版. —北京：电子工业出版社，2021.8
ISBN 978-7-121-41239-4

Ⅰ．①城… Ⅱ．①张… Ⅲ．①城市铁路－客运组织－高等职业教育－教材②城市铁路－客运服务－高等职业教育－教材 Ⅳ．①U239.5

中国版本图书馆 CIP 数据核字（2021）第 097838 号

责任编辑：徐 玲　　文字编辑：张 彬
印　　刷：三河市鑫金马印装有限公司
装　　订：三河市鑫金马印装有限公司
出版发行：电子工业出版社
　　　　　北京市海淀区万寿路 173 信箱　邮编：100036
开　　本：787×1 092　1/16　印张：10.5　字数：268.8 千字
版　　次：2015 年 1 月第 1 版
　　　　　2021 年 8 月第 2 版
印　　次：2022 年 3 月第 2 次印刷
定　　价：32.00 元

凡所购买电子工业出版社图书有缺损问题，请向购买书店调换。若书店售缺，请与本社发行部联系，联系及邮购电话：(010) 88254888，88258888。
质量投诉请发邮件至 zlts@phei.com.cn，盗版侵权举报请发邮件至 dbqq@phei.com.cn。
本书咨询联系方式：xuling@phei.com.cn。

前言

职业教育的显著特点是"以就业为导向,以能力为本位"。同时,职业院校城市轨道交通运营管理专业(站务方向)的培养目标是为轨道交通车站培养具有站务员、值班员、值班站长岗位技能的站务人员。基于此,我们组织编写了《城市轨道交通车站客运组织与服务》教材,通过对此教材的学习,学生能掌握车站各岗位相关客流组织工作及为乘客服务时应具有的技能和技巧,从而使学生毕业后能够尽快适应车站各岗位客运组织与服务工作的需要。

教材分为8个项目,每个项目可分解为若干具体的任务,每个任务都包含若干知识点和技能,按需以理论模块、技术模块、案例模块、拓展模块、实训模块等内容体现。

本教材的特点如下。

(1)以工作任务为中心来组织内容,依据在企业现场的实际调查、分析及对毕业学生的回访结果进行编写。

(2)注重实用性、操作性、实践性,紧密结合城市轨道交通车站各岗位的工作实际。

(3)围绕满足岗位需求的基本实践技能来优化教学内容,将实用性强的实训任务贯穿教材始终,着力提高学生的学习兴趣及实践技能。

(4)以培养学生的职业素养为主线,提高学生分析问题和解决问题的能力。

本教材由成都工业职业技术学院张燕担任主编,龚秋菊、李宁川担任副主编。本教材参编者为成都工业职业技术学院的专业教师及成都地铁运营公司现场员工,具体分工如下:项目一、项目二由李宁川编写;项目三、项目四由张燕编写;项目六任务一和任务四、项目八任务二由龚秋菊编写;项目五和项目七由陈茜编写;项目六任务二由韩梅编写;项目六任务三由孙茗编写;项目八任务一由成都地铁运营公司蒋静编写。张燕负责编写教材提纲和全书的统稿工作,蒋静担任全书的主审。

本教材在编写过程中参阅了近年来各位专家学者的专著及成都地铁运营公司的相关规章制度,编者在此向提供帮助的专家学者表示衷心的感谢。由于编者水平有限,书中难免有不当之处,敬请读者不吝赐教。

编 者
2021年4月

目录 Contents

项目一 城市轨道交通车站认知 …………………………………… 1

  任务一 车站及其客运服务设备和设施 ………………………………… 1
  任务二 车站的平面布置 ………………………………………………… 13
  任务三 车站的管理模式及管理制度 …………………………………… 22
  任务四 车站各岗位的岗位职责及作业流程 …………………………… 28

项目二 城市轨道交通车站开启与关闭 …………………………… 37

  任务一 车站客运服务设备和设施开启与关闭 ………………………… 37
  任务二 开站和关站 ……………………………………………………… 43

项目三 城市轨道交通客流调查与分析 …………………………… 47

  任务一 客流调查统计 …………………………………………………… 47
  任务二 车站客流特征分析 ……………………………………………… 52

项目四 城市轨道交通车站客流组织 ……………………………… 56

  任务一 日常客流组织 …………………………………………………… 56
  任务二 特殊客流组织 …………………………………………………… 65

项目五 城市轨道交通乘客事务处理 ……………………………… 78

  任务一 乘客咨询、建议和表扬的处理 ………………………………… 78
  任务二 乘客投诉处理 …………………………………………………… 80
  任务三 乘客失物处理 …………………………………………………… 86

项目六　城市轨道交通车站客伤处理　92

  任务一　认识客伤 92
  任务二　救护和安抚乘客 94
  任务三　现场保护及证据收集 110
  任务四　客伤事故调查及责任认定 117

项目七　城市轨道交通客运服务理念、标准及评价　120

  任务一　客运服务理念 120
  任务二　客运服务标准 126
  任务三　客运服务评价 131

项目八　城市轨道交通车站客运服务要求和技巧　143

  任务一　车站各岗位的服务要求及服务标准用语 143
  任务二　服务技巧 149

参考文献　161

项目一 城市轨道交通车站认知

项目描述

城市轨道交通车站是客流的节点,是城市轨道交通的重要组成部分,也是列车到发、通过、折返、临时停车的地点,同时具备乘客集散、候车、上下车、换乘等功能。为满足安全、迅速、方便地组织乘客进出站的运营要求,车站同时又是城市轨道交通运营设备的集中设置地。

城市轨道交通车站客运组织工作的主要内容是合理配置客运服务设备和设施、合理配备客运服务人员、合理制定管理制度和应急预案。客运服务设备和设施的合理配置是指服务设备和设施的数量要满足车站规模大小的需求,设置的位置要满足乘客流动的需要;车站的客运服务人员要求专业技能高,应变能力强,能运用服务技巧。同时,为了满足车站的管理需求,还应制定符合车站特点的管理制度、作业标准及作业流程、突发事件应急处理预案等。在本项目中,学生可通过完成车站类型的判别及车站平面布局图的铺画等工作任务来掌握车站的类型、功能及组成部分,掌握车站的总体布局及平面布局,熟悉车站的组织机构及管理制度,了解车站各岗位的岗位职责及作业流程,从而为有效进行车站客流组织奠定基础。

任务一 车站及其客运服务设备和设施

学习目标

1. 掌握车站的功能及类型;
2. 掌握车站客运服务设备和设施的功能。

学习任务

判别车站的类型,叙述客运服务设备和设施的功能。

教学环境

多媒体教室。

理论模块

一、车站的功能及类型

车站是城市轨道交通系统的重要组成部分,既是城市轨道交通客运组织工作的场所,也是供乘客上下车、换乘、候车的场所。

车站的基本任务是安全、迅速、方便、有序地组织乘客进出，能全面、可靠、机动地满足运营要求。车站的基本功能是供客流集散、乘客乘降、列车停靠，有些车站还具备换乘、折返、停车检修、临时待避的功能。因此车站需有一定的建筑空间及不同功能的设备和设施来共同达到其功能。

城市轨道交通车站可按修建位置、运营功能、修建规模和客流大小来分类。

1. 按修建位置来分

城市轨道交通车站按修建的位置可分为地下车站、地面车站、高架车站。

（1）地下车站

地下车站是指由于地面建筑已固定，或是要节省地面空间，而埋置于地下的车站。车站通过出入口及通道吸引客流。其中按埋置深度又可分为浅埋式车站和深埋式车站两种。地下车站的造价比地面车站高得多，如图1-1所示。

图1-1 地铁地下车站

（2）地面车站

地面车站设置在地面层。地面车站造价比较低，但占用地面空间大，缺点是造成轨道交通所经过的地面区域分割，所以，一般在城乡接合部才采用此类型的车站，如图1-2所示。

图1-2 地铁地面车站

（3）高架车站

高架车站采用高架结构，设在道路两侧或道路中部上空，如图1-3所示。

图1-3 地铁高架车站

2. 按运营功能来分

城市轨道交通车站按运营功能的不同可分为端点站、中间站、换乘站、大型换乘中心站（城市客运交通枢纽站）。

（1）端点站

端点站即始发站或终点站，是设置在线路两端终点的车站，其主要功能是供乘客乘降（乘客上下车）、列车折返、停留和少量临时检修作业。

（2）中间站

中间站是线路中数量最多的基本站型，其主要功能是供乘客乘降。

（3）换乘站

换乘站是指两条或两条以上轨道交通线路交叉点设置的车站，其主要功能是乘客乘降、换乘（乘客在付费区内由一条线路换乘到另一条线路，可节省乘客出站、进站及排队购票的时间，为乘客换乘提供方便）。

（4）大型换乘中心站

大型换乘中心站一般设在各种交通工具集中换乘的地点，如成都地铁的成都东站、成都南站等车站。其主要功能是供乘客乘降及与其他交通工具换乘。

3. 按修建规模和客流大小来分

城市轨道交通车站按其修建的规模及客流大小可分为大型、中型、小型车站。

（1）大型车站

大型车站的高峰小时客流量在3万人次以上。

（2）中型车站

中型车站的高峰小时客流量达到2万～3万人次。

（3）小型车站

小型车站的高峰小时客流量在2万人次以下。

二、车站的组成

车站由出入口、通道、站厅、站台、风亭及冷却塔组成。

1. 出入口

车站出入口是车站的门户，是地面客流与城市轨道交通车站的衔接口，也是城市轨道管理辖区的分界点，如图1-4所示。出入口一般设有防护门，在运营结束后或突发情况下会处于关闭状态。

图1-4 地铁地下车站出入口

2. 通道

通道由步行楼梯、电梯及步行道组成，是连接城市轨道交通车站出入口和站厅的纽带，因为乘客从车站出入口到站厅或从站厅到站台都需要通过一定的通道。

3. 站厅

站厅的主要作用是集散客流，为乘客提供售票、检票等服务。站厅按用途分为公共区和设备区。

（1）公共区

公共区设有导向标志等引导设施，是提供乘客问询、购票、便民服务等功能的区域，由付费区和非付费区组成，并由进（出）站检票机和隔离设施分隔。

（2）设备区

设备区主要有管理用房、设备用房和辅助用房。其中：管理用房包括站长室、车控室、AFC（城市轨道交通自动售检票系统）票务管理室、会议室、公安保卫室等；设备用房包括环控机械室、配电室、信号机械室等；辅助用房包括卫生间、茶水间、更衣室、客服中心等。

4. 站台

站台是供列车停靠、乘客候车及乘降的区域。站台也分为公共区和设备区，一般情况下两端为设备区，中间为公共区。公共区主要是乘客候车、上车及下车的区域，有站台监控亭、乘客座椅、公用电话、立柱、防护设施等；设备区主要设有设备用房等。

5. 风亭及冷却塔

风亭及冷却塔属于地下车站的组成部分。风亭具有将地面的新鲜空气送入地铁隧道内的作用，如图1-5（a）所示；冷却塔的作用则是将携带废热的冷却水在塔内与空气进行热交换，使废热传输给空气并散入大气，如图1-5（b）所示。

（a）地铁风亭

（b）地铁冷却塔

图1-5 地铁风亭和冷却塔

三、车站客运服务设备和设施

1. 车站乘降设备的类型及功能

（1）车站乘降设备的类型

根据乘降的形式不同可将车站乘降设备分为步行楼梯、电梯（自动扶梯、垂直电梯）和轮椅升降机，如图1-6所示。

（a）步行楼梯

（b）自动扶梯

图1-6 车站乘降设备

(c）垂直电梯　　　　　　　　　　　　（d）轮椅升降机

图 1-6　车站乘降设备（续）

（2）车站乘降设备的功能

步行楼梯是简单、易建的乘降设备，投资低、施工简单、管理方便，但易造成人流交叉干扰，给乘客带来不便。当车站发生紧急情况时，步行楼梯主要用于向外疏散乘客，所以平时应保持畅通，不得在步行楼梯处堆放任何物品，并且任何人员不得滞留在步行楼梯处。

自动扶梯可减轻乘客疲劳，减少人流交叉干扰，增强车站吸引力，因此在条件许可（如提升高度不受限制等）的情况下，应在出入口与站厅及站厅与站台间设置。需要注意的是，当发生火灾等特殊情况时，车站的自动扶梯必须停止运行，并作为固定楼梯来疏散乘客。车站工作人员应引导乘客正确搭载自动扶梯，对不正确使用自动扶梯的行为应及时制止，以免发生危险。若自动扶梯在运行时突然加减速、有异常声音或振动时，应阻止乘客继续搭乘，且待无人后停止运行，并及时通知专业人员进行维修。另外，在自动扶梯的右下侧一般设有紧急停机按钮（高差较大的自动扶梯，在其中部也设有紧急停机按钮），在运行中一旦发生乘客失足摔倒或其他紧急情况时，应立即按下紧急停机按钮，使自动扶梯停止运行，并采取相应的救护措施。

垂直电梯和轮椅升降机均属于无障碍设计，是供特殊人群使用的乘降设备。车站垂直电梯设置在出入口、站厅层和站台层；轮椅升降机设置在步行楼梯旁，乘坐轮椅的行动不便的乘客可通过轮椅升降机下到站厅层，再经站厅层的垂直电梯下到站台层，在轮椅升降机的上端和下端均设有对讲设备，只要按下对讲设备上的按钮即可与车站控制室对话，并要求工作人员开梯使用。

2．AFC 终端设备的组成及功能

（1）AFC 终端设备的组成

AFC 终端设备通常由自动售票机、自动检票机、半自动售票机、自动验票机、车站计算机等组成，其中，自动检票机又称闸机（进站闸机、出站闸机、双向闸机），如图 1-7 所示。

（a）自动售票机　　　　　　　　　（b）自动检票机（闸机）

（c）半自动售票机（票务处理机）　　　（d）自动验票机

图 1-7　AFC 终端设备

（2）AFC 终端设备的功能

AFC 终端设备是轨道交通自动售检票系统面向乘客的操作应用设备，将自动根据票务处理规则对售车票和检车票进行处理，并生成和保存车票处理的结果及其他管理信息。

自动售票机（TVM）位于车站的非付费区，乘客可以用现金（纸币、硬币）或有足够余额的储值票（或城市交通一卡通）等在自动售票机上购买不同票价的单程车票。有些自动售票机还具备充值功能。

自动检票机（AGM）和车站的隔离设施将车站的站厅分隔为非付费区和付费区，其主要具备检验车票的有效性、储值票扣费、单程票回收、收集统计并上传数据等功能。

半自动售票机（BOM）又称票务处理机，位于车站的客服中心（设置在站厅付费区与非付费区之间，为乘客提供售票、兑零、充值及乘客事务处理服务，如图 1-8 所示），由站务员操作，可以发售单程票、储值票，同时还可以完成车票的有效性分析、补票和给储值票充值等。

图 1-8　客服中心

　　自动验票机（TCM）又称自动查询机，分为固定式验票机和手持式验票机两种。其中，固定式验票机安装在非付费区，可为乘客检查车票的余值及有效使用时间；手持式验票机是一种移动设备，由站务人员随身携带，用来核查乘客所持车票，能方便地在付费区内对有关票卡的有效性进行检验并显示检验结果，为解决票务纠纷及时提供帮助。

　3．导乘系统的组成及功能

　（1）导乘系统的组成

　　导乘系统由导向标志及乘客信息系统组成。

　　导向标志一般设置在车站外部、站厅、站台、车辆内外部、步行楼梯、自动扶梯等的通道处，利用的是语言、文字、数字、符号等引导标志，以及声学、光学、电器、计算机等现代技术和设备。也就是说，导乘系统是由广播、电子导向牌、指路牌（见图1-9）、线路图、文字符号等各种引导标志构成的。

图 1-9　指路牌

乘客信息系统（PIS）采用数字电视技术和列车自动监控系统技术，利用先进的信息播出方式，实现信息服务功能。乘客信息系统通过设在车站的各类显示终端，为乘客提供各类相关信息。乘客信息系统的终端设备有 PDP 屏、LED 屏（见图 1-10）、LCD 屏、高清晰度电视、触摸式查询机等。

图 1-10　LED 屏

（2）导乘系统的功能

导向标志能够给乘客提供方向指示、警告指示及公共信息指示，尤其是在几条线路交汇的换乘车站及实现自动售检票、使用屏蔽门、不设站台乘务员的车站，导向标志尤为重要。乘客可按导向标志顺利、快捷地完成进站、购票、检票、乘车、换乘、出站等一系列程序，从而避免站台出现拥挤和混乱现象，减少乘客在站台的停留时间。

按导向标志功能的不同，可以将导向标志分为方向性导向标志、警告性导向标志及服务性导向标志 3 类。方向性导向标志包括列车运行方向、车站出入口方向、购票方向、进出站方向、换乘方向等标志；警告性导向标志包括乘客停留标志、高压危险标志、乘客不能进入的区域标志等；服务性导向标志包括地铁系统线路图、运行时刻表、早晚开行时刻表、车站周边公共服务设施导向标志等。

乘客信息系统具有信息发布和信息查询功能。在正常情况下，系统发布列车运行信息、政府公告、出行参数、广告及其他交通工具的运行信息；在紧急情况下，系统中断发布其他信息，发布各种救援和疏散指示信息。发布的信息一般包括文本信息和多媒体信息。其中：文本信息包括常规信息、即时信息和紧急信息；多媒体信息包括图像信息、影音信息。

4．广播系统的组成及功能

（1）广播系统的组成

车站广播设备是实现集中管理的重要组成部分，广播设备控制台一般设在车站控制室。广播的方式有人工语音广播、合成语音广播、音乐广播、多路平行广播等。

（2）广播系统的功能

正常情况下，车站广播可在通道、站厅、站台等公共区对乘客进行导向服务，例如：报告列车进站、离站的实时预告信息，报告相关的安全事项，传播服务信息或播放音乐、广告等；在列车运行发生非正常情况时，可通过该系统及时向旅客通报，起到安抚、组织、疏导乘客的作用。同时，为组织好行车，应及时将运行信息告知相关工作人员，车站广播还可在设备区向工作人员发布信息。车站广播根据广播的方式分为自动广播和人工广播，其中，自动广播还具有集中广播和分区广播的功能。为了实现集中管理，除了车站广播外，还应由控制中心集中播音，而且控制中心既可面向所有车站的所有区域播音，也可面向某个车站的某个区域有选择地播音。

5. 环境与设备监控系统的组成及功能

（1）环境与设备监控系统的组成

车站的环境与设备监控（简称"环控"）系统是指在站台、隧道、设备及管理用房等处进行空气处理的系统。环控系统由风系统、车站空调水系统、集中供冷系统及防噪系统组成。

① 风系统又分为隧道通风系统、空调大系统、空调小系统。其中：隧道通风系统分为区间隧道机械通风（兼排烟）系统和车站隧道通风系统两部分；空调大系统是指车站站厅、站台公共区制冷空调及通风（兼排烟）系统；空调小系统是指车站管理及设备用房空调通风（兼排烟）系统。由于地面车站、高架车站散热、散湿条件好，因此无空调大系统，只有空调小系统。

② 车站空调水系统是指各车站为供给车站空调大、小系统用水所设置的制冷系统。

③ 集中供冷系统是指将相邻的 3~5 个车站的空调用冷冻水汇集到某处进行集中处理。冷冻水再由二次冷冻水泵和管路长距离输送到各车站，以满足车站所需的冷量。

④ 防噪系统是指安装在站台顶部、车站范围的隧道侧墙、站台下部轨道旁的吸声板、站台屏蔽门及防噪墙（高架轨道交通主要在线路沿线布置）。

（2）环控系统的功能

车站空调可为车站内部源源不断地输送经过处理的空气，使之与车站内部其他空气进行热、湿交换，并将完成调节作用的空气排出，以使车站内保持稳定的湿度和温度。

噪声是轨道交通的一大缺点。列车在高速运行时轮对钢轨的摩擦是主要的噪声源，尤其是高架轨道交通在此类问题上更为突出。目前，除了对车辆构造及轮轨作用体系方面做出改进以外，地下轨道交通采取的主要措施是在站台顶部、车站范围的隧道侧墙、站台下部轨道旁设置吸声板及安装站台屏蔽门（见图1-11）。

在正常条件下，环控系统可通过中央级、车站级、就地级三级进行控制，并使用自动控制系统进行监控，实现设备集中控制和科学管理，即通过运行不同环控模式，满足不同场合对设备的运行要求。中央级控制装置设置在控制中心（OCC），OCC工作站可对隧道通风系统进行控制，执行通风系统预定的运行模式或向车站下达各种空调大系统、空调小系统和水系统运行指令；车站级控制装置设置在车站控制室，在正常情况下监视本站的隧道通风系统，空调大、小系统及水系统，向中央级控制工作站传达本站设备信息，并执行中央级控制工作站下达的各项运行指令。在中央级控制工作站的授权下，车站级工作站可作为本车站的消防指挥中心，执行中央级控制工作站下达的所有防灾模式指令；就地级控制工作站设置在各车站的环控电控室，具有对单台环控设备就地控制的功能。

图 1-11　站台屏蔽门

6．屏蔽门系统的组成及功能

（1）屏蔽门系统的组成

屏蔽门系统由门体结构、门机结构、控制系统、电源等组成。其中：门体结构包括支撑结构、门槛、固定门、滑动门、应急门、端门、顶箱等部分；门机结构包括门控单元、电机与减速箱组件、传动副、门锁紧装置、应急门检测开关、金属电缆槽等部分；控制系统包括系统、站台及就地手动三级控制。

（2）屏蔽门系统的功能

屏蔽门可将车站站台公共区与轨行区隔离，降低车站空调系统的运行能耗，降低列车运行噪声及活塞风对车站站台候车乘客的影响，为乘客提供一个更加舒适、安全的候车环境；同时能防止人员跌落产生意外事故。

7．照明系统的组成及功能

（1）照明系统的组成

照明种类包括正常照明、应急照明等。其中，正常照明分为运营照明和夜间照明（节电照明）。

（2）照明系统的功能

运营照明是保证车站正常运营的照明，包括公共区的一般照明、标志照明、广告照明、诱导照明和设备管理用房照明；节电照明是指运营结束后，为了保证车站的夜间作业能够正常进行，对公共区执行的照明（如关闭广告照明、标志照明等）和设备管理用房照明。对照明设备的要求如下：亮度差别不能太大；让人有安全和舒适的感觉；光色和安装位置不能与信号图像混淆。

应急照明是车站正常照明发生故障时，为疏散乘客而提供的必要照明，通常由蓄电池供电，并在正常照明停电的同时立即启用应急照明，一般可维持半小时左右。

车站照明控制可分为车站控制室遥控和就地控制两种方式。车站控制室一般设有照明控制盘，通过按钮控制降压站内的照明柜可以实现对站台和站厅一般照明、节电照明、区间隧道照明的集中控制。就地控制又分为集中控制和分散控制。其中：集中控制是指在降压站内可根据需要对各类照明进行集中控制；分散控制是指各设备及管理用房进门处设有就地开关箱或盒，可控制相应的设备及管理用房的一般照明。

8. 闭路电视监控系统的组成及功能

（1）闭路电视监控系统的组成

闭路电视监控系统由车站闭路电视监控系统和控制中心闭路电视监控系统两大部分组成。其中，车站闭路电视监控系统主要由站厅、站台摄像机、监视器和控制键盘、视频交换机柜、测试监视器和控制键盘等部分组成。

（2）闭路电视监控系统的功能

闭路电视监控系统能够及时地向有关人员提供各车站各部位的安全情况和客流动态，以及列车停站、启动，列车门开启、关闭等信息，以实时监视列车的运行情况及乘客的安全情况。

9. 火灾报警系统的组成及功能

（1）车站级火灾报警系统的组成

车站级火灾报警系统由控制盘、车站级图形命令中心及各种外围设备组成。控制盘是火灾报警系统的中央大脑，综合处理各种数据信息，进行火警判断，发出声、光报警，启动相关消防设备动作并监视其状态。车站级图形命令中心用工业计算机控制，用 LCD 屏显示，可提供良好的人机界面。外围设备由火灾探测设备（如感烟探测、感温探测、复合型探测设备等）、报警设备（如光、声报警设备等）及灭火设备（如喷水、喷气设备等）组成。

（2）火灾报警系统的功能

火灾报警系统的功能主要是在第一时间内将探测器监测到的火灾情况及时传输给自动报警系统和自动灭火系统。自动报警系统以灯光信号和报警铃声形式及时反馈到控制面板和发出声音，提示值班人员。而自动灭火系统在接收到信号后，会切断所有可能有助于燃烧的工作设备，如空调、通风机组的电气线路。同时，接通消防专用设备的工作电路，启动有关消防设备，如排烟风机、挡烟垂壁、管道排烟阀。关闭电动防火门、防火卷帘门，接通火灾事故照明灯、疏散标志灯等。

火灾报警系统可最大限度地减少因火灾造成的财产损失和人员伤亡，是轨道交通必不可少的部分。

课后思考

1. 叙述车站的分类及其功能。

2. 从使用功能来看，车站由哪些部分组成？
3. 叙述车站的客运服务设备和设施及其功能。
4. 叙述车站客运组织工作的主要内容。

任务二　车站的平面布置

学习目标

1. 掌握车站出入口及通道的布置要求；
2. 掌握车站站厅的布置要求；
3. 掌握车站站台的布置要求。

学习任务

画出某地铁车站公共区的平面布置图，并分析其特点。

教学环境

多媒体教室。

理论模块

城市轨道交通线路一旦建成，将对整个城市居民的出行方式和特点产生较大的影响。因此线路的设计要为沿线吸引范围内的乘客考虑，同时车站一般要设置在市区居民集中的地点、城市主要交通干道的路口、商业繁华地段及主要工业区等人流集中的地点。

城市轨道交通车站的出入口及通道、站厅、站台及站内的客运服务设施的布置对车站客运组织工作有很大的影响。

一、车站的总体设计原则

进行车站的总体方案设计时需要重点考虑其功能，其总体设计原则如下。

① 以换乘为主要功能的车站，应考虑乘客的换乘条件，尽可能缩短换乘距离，并留有足够的换乘空间。

② 接驳大型集散点的车站，应考虑突发性客流特点，留有足够的乘客集散空间，并创造快捷的进出站条件。

③ 有列车折返运行需要的车站，应以列车在车站的运营能力为主，考虑车站的配线设置及由此带来的车站站位及平面布置情况的变化。

④ 有与建筑物开发相结合要求的车站，应考虑结构的统一性，并分清各种客流的流向，使进出站客流有独立的通道，并尽量避免与其他客流的交叉干扰。

⑤ 有其他特殊功能需求的车站，包括远期需进一步延伸的起点站、与其他交通系统配合的联运站等，应考虑留有后续延伸的余地。

二、车站的平面布置原则

① 以车站上下行远期超高峰小时设计客流量来确定车站的建筑规模，根据线路走向及换乘要求确定站台的形式。

② 依据站内的空间结构及设施的情况进行合理布置，力求缩短乘客行走距离，避免流线交叉干扰，避免流线迂回，同时应考虑紧急疏散的需求。

③ 站内设备的设置应以乘客流动顺畅为原则，方便乘客办理乘车手续及满足乘客的其他出行需求，力求经济合理、节约用地。

技术模块

一、出入口及通道的布置

1. 出入口的布置

车站出入口是车站的门户，除了要求功能设计科学、先进外，还需要具备美观、大方等艺术特点。出入口是地面乘客与城市轨道交通车站的衔接口，也是城市轨道管理辖区的边界。出入口应设置在道路两边红线以外或城市广场周边较为明显的位置，出入口外一定距离内一般都设有一定数量和类别的导向标志，以吸引客流，并引导乘客出行。

（1）位置

单独设置的车站出入口应选在城市道路两侧、交叉口及有大量人流的广场附近。出入口宜分散均匀布置，以便最大限度地吸引乘客。例如，如果地铁车站设在地面街道十字路口下方，其出入口应分别设在十字路口的四个角；而如果设在两条以上道路的交叉口下方，为避免乘客和行人横穿马路，一般应在各个角都设置出入口，如中国香港地铁一个车站的出入口最多可达十几个。如果车站在社区附近，则其出入口尽量设在靠近社区出入口的位置，以最大限度地方便居民乘车。

车站出入口的位置一方面要考虑到地下通道的顺畅程度，同时又不宜过长；另一方面要考虑能否均匀地、尽量多地吸纳地面客流。另外，车站出入口还应尽量与地面交通车站、停车场靠近，形成较佳的换乘组合。此外，出入口被称为生命线，因此还应满足防灾设计要求。

（2）数量

车站出入口的位置确定好后，不管是地下车站还是高架车站，出入口的数量都很重要。车站出入口的数量应根据客流需要与疏散要求设置，浅埋式车站不宜少于 4 个出入口。当分期修建时，初期不得少于 2 个。小站的出入口数量可酌减，但不得少于 2 个。

2. 通道的布置

通道的设计应以乘客流动的路线为主要考虑依据，遵循尽量减少进出站乘客流线的交叉干扰和最大限度地缩短乘客从出入口到站台的行走距离。通道主要由步行楼梯、电梯等构成。

（1）步行楼梯

有些车站从出入口到站厅的通道为步行楼梯，进站客流与出站客流混用，对客流组织不利；有些车站既有步行楼梯，也有自动扶梯，其中，自动扶梯可有效地将进出站客流分开，避免对流或拥挤。

步行楼梯的坡度设计很重要，坡度太大会给乘客造成疲劳感和不安全感，坡度太小会增加车站占地面积和施工的工程量。因此应科学地设计坡度，当步行楼梯台阶数量较多时，可在不同梯段设置缓解平台，同时应尽量减小工程量和占地面积。

步行楼梯一般采用26°～34°的倾角，单向通行的，宽度不小于1.8米，双向通行的，宽度不小于2.4米，当宽度大于3.6米时，应设置中间扶手，且每个梯段的踏步不宜超过18级。

（2）电梯

电梯是垂直电梯、倾斜方向运行的自动扶梯、水平方向运行的自动挪动人行道及轮椅升降机的总称。

垂直电梯：一般设置在站厅与站台之间，主要为了方便行动不便的乘客乘车。

倾斜方向运行的自动扶梯：若通道高度差超过7.2米，宜设置上行扶梯；若高度差超过10米，宜设置上下行扶梯；站厅与站台之间应设置上下行扶梯；若客流量不大且高度差小于5米，可用步行楼梯代替下行扶梯；自动扶梯一般采取30°左右的倾角，两台相对布置的自动扶梯的工作点间距不得小于16米，自动扶梯工作点至前面影响通行的障碍物间距不得小于8米。每个车站至少有一个出入通道设置自动扶梯。

水平方向运行的自动挪动人行道：一般设置于换乘时行走距离较长的通道，可减轻携带较大、较重行李的乘客在换乘行走时的疲劳感。

轮椅升降机：安装在车站站厅到地面的步行楼梯一侧，可供坐轮椅的乘客上下楼时使用。

二、站厅的布置

站厅的作用是将进出车站的乘客迅速、安全、方便地进行集散，是一个过渡空间。因此应依据车站内部结构及设施配置情况合理布置管理用房、设备用房及站厅内的客运服务设备，分区明确，尽量避免进出客流的交叉干扰，同时应考虑突发性客流特点，留有足够的乘客集散空间，创造快捷的进出站条件。

站厅与站台一般有两种位置关系，以地下车站为例：一种是分别在站台两端上层设置站厅，如图1-12（a）所示；另一种是在站台上层集中设置站厅，如图1-12（b）所示。另外，有时还可以考虑与地下商业建筑连接起来统一布置站厅。

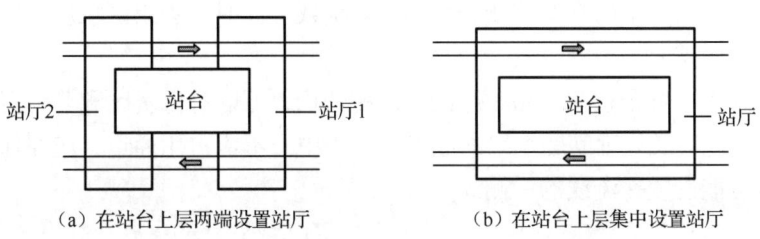

图1-12　站厅与站台的两种位置关系示意图

站厅如何布置主要取决于车站的售检票方式（人工、半自动和自动售检票）。

1. 站厅公共区的布置

站厅公共区是乘客集散的区域，由进出站检票机分隔为非付费区和付费区。进站乘客在非付费区完成购票并通过检票设备进入付费区；出站乘客通过检票设备进入非付费区后出站。

除了在非付费区内设置必要的售检票设备（如 TVM 和 TCM）外，还可以根据站厅面积设置商铺、自助银行、公用洗手间、自动售货机、公用电话等便民设备和设施，同时还应合理地布置相应的导向标志，布置原则以不影响乘客流动为首要条件。

站厅的自动售检票设备应按乘客进出站的流动方向合理布置，向乘客提供购票、检票等服务。如图 1-13 所示为某地铁站站厅自动售检票设备布置示意图。

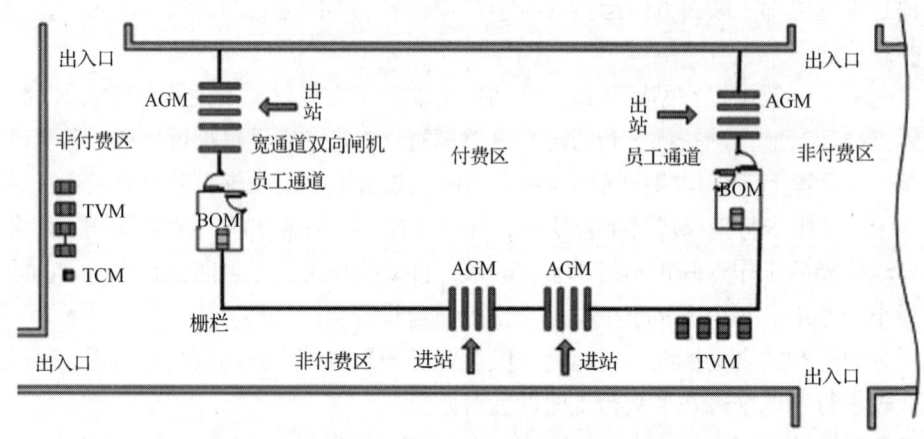

图 1-13　某地铁站站厅自动售检票设备布置示意图

自动售检票设备应按乘客流动的方向进行布置，并尽量避免流线交叉干扰。按照进站乘客流动的路线特点，有一部分乘客从出入口进站后需要先买票，所以售票设备一般设在非付费区内。另外，自动售检票设备的数量应根据车站规模确定。

设置自动售票机时应考虑车站每个出入口基本都是双向使用的特点，自动售票机的放置位置及配置数量既要方便出入口乘客购票，也要考虑车站设备的利用率。如果将自动售票机设在出入口进站客流一侧，虽然能方便乘客购票，但客流量大时会造成进出客流拥堵。另外，若自动售票机配置得既多又分散，则会增加投资，造成一定的浪费，所以确定自动售票机的位置时应根据每个车站站厅的规模和结构，集中摆放在一个或两个区域，尽量避开直接进站上车无须购票的乘客流线和出站乘客流线。同时，售票区域应留有余地，以满足客流高峰时期的需要。

半自动售票机一般布置在车站站厅的客服中心内，可以对付费区和非付费区的乘客提供购票、充值、兑零及处理问题车票的服务。客服中心不应占用通道，应在保证流线畅通的情况下，尽可能设置在流线的一侧。

自动检票机一般安装在车站付费区和非付费区的分界处，其设计与安装应符合乘客右手持票的习惯。自动验票机是乘客自助查询设备，一般安装在车站的非付费区，可为乘客提供车票查验服务，如可查询车票的有效性、类型及余额。

2. 站厅设备区的布置

站厅设备区一般分设于车站两端，一端大，另一端小，中间作为站厅公共区。管理用房的设置应结合车站客流规模和业务量来进行，对于业务量比较大的车站，可考虑将特殊票务业务的服务用房和办理咨询服务的用房分开设置；设备用房是安置各类设备、进行日常维修及保养设备的场所；辅助用房以方便使用的原则来设置。如图 1-14 所示为某地铁地下车站站厅设备区布置示意图。

（a）站厅A端

（b）站厅B端

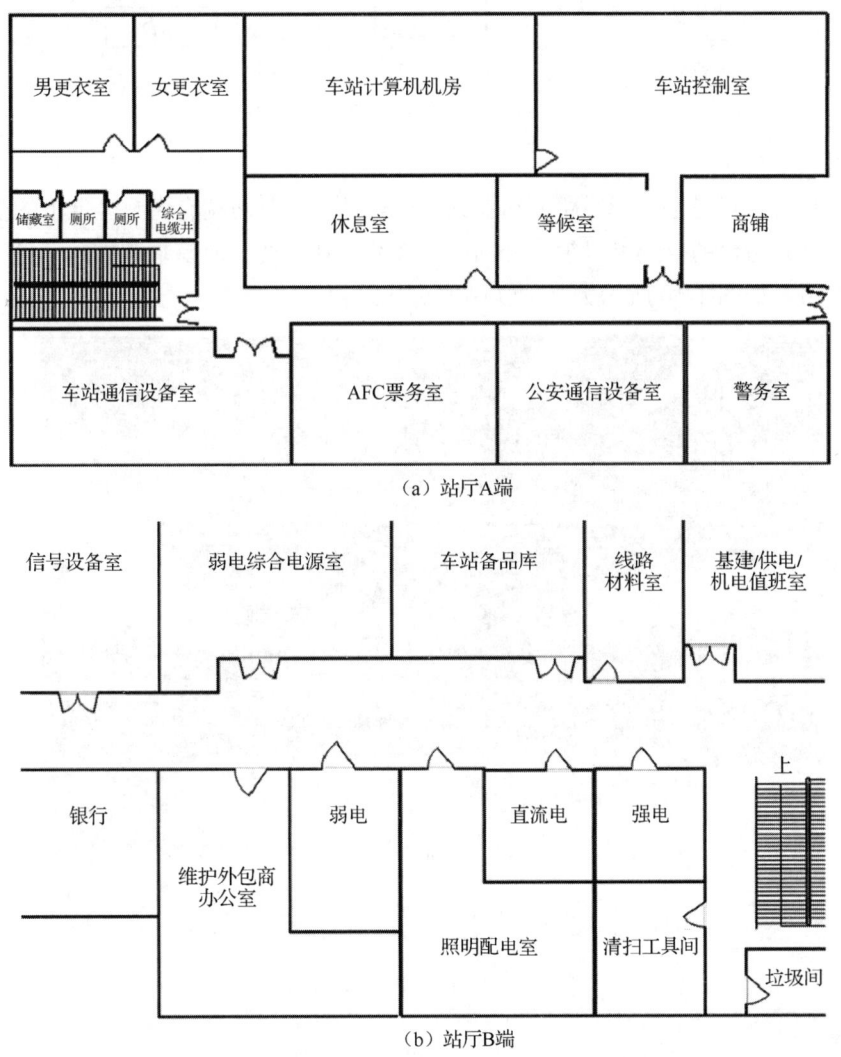

图 1-14 某地铁地下车站站厅设备区布置示意图

三、站台的布置

需根据线路走向及换乘要求确定站台的类型，以车站上下行远期超高峰小时设计客流量来计算站台的长度和宽度。

1. 站台的类型

按站台与轨道线路的位置关系可将站台分为岛式站台、侧式站台、混合式站台，如图1-15 所示。

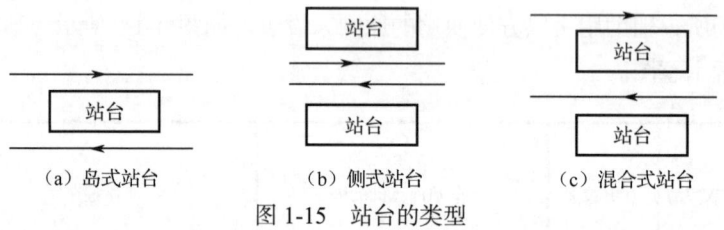

图 1-15　站台的类型

（1）岛式站台

岛式站台的特点是上下行线路分布在站台的两侧，站台两端有供乘客上下的步行楼梯通到站厅，岛式站台的空间可以被充分利用，乘客换乘方便，但易乘错方向，且客流较大时易造成拥挤。如图1-16 所示为某地铁站的岛式站台。

图 1-16　某地铁站的岛式站台

（2）侧式站台

侧式站台的特点是站台分布在上下行线路的两侧，站台横向扩展余地大，乘客乘降车时互不干扰，且不易乘错方向。

项目一　城市轨道交通车站认知

（3）混合式站台

混合式站台既有岛式站台，又有侧式站台。从运营方向看，如果车站采用混合式站台，乘客可同时在两侧上下车，能缩短停靠时间。

2. 站台的长度、宽度和高度

（1）站台的长度

车站站台的有效长度由列车长度决定，而列车长度是车辆长度与编组辆数的乘积；再考虑到停车位置的不准确性和车站值班员、司机确定信号的需要，一般需预留4米左右。因此，其计算公式如下：

$$L_{站台}=l_{车} \times n_{编}+4$$

式中，$L_{站台}$为站台的有效长度（米）；$l_{车}$为车辆长度，包括车钩长度（米）；$n_{编}$为高峰时段设计的最大编组辆数。

（2）站台的宽度

设计站台的有效宽度时主要考虑远期预测高峰小时设计客流量、行车间隔、站台形式、步行楼梯/自动扶梯位置等因素。因为各站计算出的站台的有效宽度值不同，因此为设计、建设及运行方便，一般确定多个等级的宽度标准，如特等站统一为14米，一等站为10米，二等站为8米等。《地铁设计规范》（GB 50157—2013）对地铁站台最小宽度的规定如表1-1所示。

表1-1　地铁站台最小宽度

站台形式		站台最小宽度（米）
岛式站台		8.0
无柱侧式站台		3.5
有柱侧式站台	自动扶梯	2.0
	自动人行道	3.0

按地铁客流组织经验，以站台有效面积中每平方米容纳的乘客数量为参考，无屏蔽门站台应控制在2万人左右，有屏蔽门站台应控制在4万人左右，如果客流密度过大会对舒适性和安全性都产生影响。

（3）站台的高度

站台的高度指站台到轨顶面的高度，其与列车车型有关。站台与车厢地板面同高，称为高站台；站台比车厢地板面低一两个台阶，称为低站台。我国生产的轻轨样车，车厢地板面到轨顶面的高度为950毫米，车辆第一踏面到轨顶面的高度为650毫米。采用高站台时，考虑到车辆弹簧的挠度，在最大乘车效率时，车厢地板面下沉的范围在100毫米以内，故高站台的高度宜低于车厢地板面50～100毫米为宜。所以，高度为900毫米的站台为高站台，高度为650毫米或400毫米的站台为低站台。

3. 站台的立柱及其防护设施

站台的立柱是站台建筑的一部分，根据车站规模的大小，其设置数量也不尽相同。设置立柱位置时不应占用乘客通道，并尽量避免遮挡乘客或工作人员的视线，同时车站可以很好地利用立柱完成其他功能，如可设置紧急停车按钮、导向标志、宣传牌、广告等。根据站台宽度的不同，有些车站设置双排立柱，有些车站设置单排立柱。

站台上的安全护栏、屏蔽门及安全门都是为了保证乘客在站台上乘降时的安全而设置的，并应根据车站具体情况而定：屏蔽门相对护栏造价要高，但安全程度也高，适合设置在地下车站；安全护栏虽然造价较低，视线也较开阔，但是存在一定的安全隐患，适合在高架车站或地面车站设置。

四、导向标志的布置

1. 导向标志的布置原则

（1）位置适当原则

导向标志应设置于容易被人看到的位置，同时应在付费区域与非付费区域的交界处、地下建筑延伸到地面的地方，以及客服中心、拐弯处设置导向标志，帮助乘客辨认方向和确认方位。

（2）连续性原则

导向标志应连续设置，直到人们到达目的地，中间不应出现标志视觉盲区。但需要注意的是，标志之间的距离要适当，过长会缺乏连贯感及序列感，过短会造成视觉过度紧张，可视性差。在无岔路的直通道，一般应每20~30米设置一次，以免乘客产生"是否正确"的疑问。例如，某地铁车站为了引导和组织乘客顺利乘车，从进站处到乘车处的所有通道都设有具备不同功能的导向标志。

因此，应从车站外部沿出入口、站厅、站台一直到车辆内外部连续不断地布置导向标志，具体如下。

车站外部：站名牌、站位牌、线路图、出入口导向图等。

站厅：售票和检票方向指示、价格表、车站周边示意图、紧急出入口等。

站台：车站各种用房标志、时间表、线路图、显示列车到达时刻及目的地等信息的电子导向牌、出入口导向图等。

车辆内外部：车辆运行方向、区间标志（车头、车侧面）、车号、车辆到站标志（车内、门上方）、禁止靠车门标志、防止夹手标志、禁止拉动标志、乘务员禁止入内标志等。

步行楼梯、自动扶梯等通道：方向标志、换乘标志、注意脚下标志、注意头部标志等。

（3）一致性原则

标志的位置要尽量统一，例如固定在天花板上的方向标志，不仅仅在同一个车站的位置要统一，在同一个城市所有的车站如无特殊原因都应在统一的位置，因此乘客不需要搜寻整个空间，而只需要注视部分固定的区域即可找到方向标志。

（4）安全性原则

由于部分车站地处一些大的商业圈，地下商场人员较多，一旦发生火灾，潜在的危险较大，所以疏散指示标志的设置对人员的疏散具有重要作用。发生火灾时，烟雾较轻，易积聚在上方，导致遮挡上部的标志或妨碍人们识别，因此，应在疏散通道或主要疏散地面上或靠近地面的墙上设置发光疏散指示标志。

（5）特殊性（全面性）原则

由于地下建筑具有相对封闭的特点，因此处于地下空间中的人需要相对于地上空间更多的信息才能满足需求，例如，对于地上空间的一个简单的出入口标志，在地下则需要标明所对应的地上的确切位置，出入口处展示地上建筑及外部环境真实场景的巨幅照片。

2. 导向标志的设计要求

（1）要醒目

导向标志一定要醒目，并且重要的标志应能对人的视觉有强烈的冲击效果，如可使用图形的强烈对比来引起人的注意；标志上的文字、符号等要足够大，以便人们在一定的距离之外就能看到、读出，但是文字的大小是相对的，应视具体情况而定，不能盲目地一味求大，而忽略了整体的协调；对于刺激视觉的效果来说，颜色是一种很直观的方法，因为每种颜色给人的感觉都是不同的，而使用鲜明的颜色或对比强烈的颜色更有突出的意味，但要注意整体的协调。

（2）要规范

导向标志的规范是指用于表达方向诱导内容的媒体，如文字、语言、符号等均必须符合国家规范、标准及国际惯例等，有助于人们理解和接受。

（3）要有区别

导向标志必须和其他类型的标志（如广告、告示、商业标志和其他识别标志等）有所区别，并且应具有优先权。例如，商业广告不能遮挡导向标志，色彩等也要突出导向标志。

（4）要简单、便利

简单是指导向标志上的语句必须精简、明确，即尽量用简明的文字和图形来表达复杂的意思，让人一目了然；便利是指人们在正常移动的情况下就能阅读和理解导向标志上的内容。

（5）应保证信息质量

对于公共信息类标志，应保证信息的可靠性，并保证与实际情况相符。例如：列车时刻发生变化时，应及时进行更新；车站周边的其他交通方式或商业环境发生变化时，也应及时更新相应的地图等。

（6）要考虑乘客的个体差异

设计车站内的导向标志时要尽量照顾到所有人群，包括一些特殊人群。例如，我国的香港地铁、深圳地铁为盲人服务的导向标志就很人性化，其中，深圳地铁在车站出入口安装的"视障人士触摸地图"如图1-17所示。

图1-17 深圳地铁"视障人士触摸地图"

实训模块

[实训任务]画出某个地铁车站站厅、站台的平面布置图。

[实训目的]掌握地铁车站内设备和设施的布置，准确掌握站厅、站台设备和设施所处的位置。

[实训要求]掌握车站平面布局的原则及要求。

[实训环境]多媒体教室。

[实训指导]指导学生如何在现场观察车站站厅的布置；指导学生如何去画平面图。

[实训考评]平面图上的内容要全面，口述所画车站平面布置的特点。

课后思考

1. 叙述城市轨道交通车站的平面布置原则。
2. 叙述城市轨道交通车站站厅自动售检票设备的布置特点。
3. 叙述城市轨道交通车站各类站台的特点。
4. 叙述城市轨道交通车站站内导向标志的布置要求。

任务三　车站的管理模式及管理制度

学习目标

1. 掌握车站的管理模式；
2. 掌握车站的管理制度。

项目一　城市轨道交通车站认知

学习任务

能够描述车站的管理模式及管理制度。

教学环境

多媒体教室。

理论模块

一、车站的管理模式

城市轨道交通车站由值班站长负责车站内的日常管理事务，其上级是中心站站长（站区长）。在中心站（站区）管理模式下，一般以几个车站为一个单位进行日常工作管理。岗位体系实行层级负责制，由上至下顺序如下：中心站站长（站区长）、值班站长、值班员（客运、行车）、站务员（厅巡岗、站台岗、售票岗）。有一部分城市轨道运营公司会在自然站（辖区内的其他车站）设置一名副站长，以便更好地进行车站的生产组织与协调。在中心站（站区）管理模式下，车站的层级管理架构及车站岗位设置情况如图1-18所示。

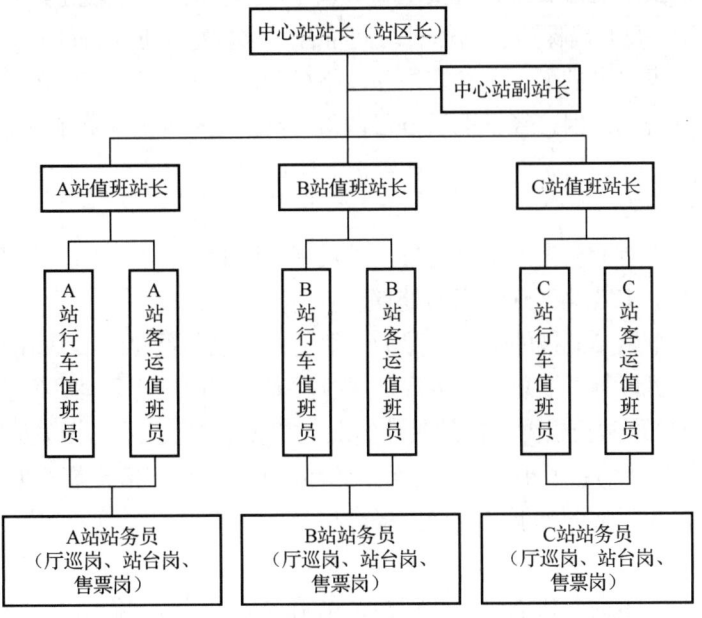

图1-18　车站的层级管理架构及车站岗位设置情况

中心站成立以中心站站长为组长、警务班负责人为副组长、各单位负责人为组员的综合治理工作小组。综合治理工作小组的主要任务如下：每月至少组织一次集中会议，协调车站内的综合治理工作；小组成员相互通报相关信息，尤其在重大节假日前，站务人员应向各单位通报相关运营服务信息及站内客运应急方案；应定期组织各单位参加消防检查或应急演练。各单位之间是合作的关系。

城市轨道交通车站内的工作人员包括隶属于本车站的站务人员和非站务工作人员（包

括保洁员、各专业驻站维修人员、地铁公安、地铁保安、商铺工作人员及其他正在车站工作的地铁员工等）。

车站出现突发紧急情况时，车站各岗位员工应积极配合站务人员，在车站当班值班站长的调配下参与应急处理。

车站的站务人员有属地管理的权限，具体包括：对进入车站的乘客按公司规章进行管理，对车站范围内非站务工作人员有监督检查的权力，中心站（副）站长或当班值班站长在紧急情况下，可调动车站范围内的非站务工作人员参与车站紧急情况下的应急处理。

二、车站的管理制度

1. 排班管理制度

城市轨道交通车站按照工作需要紧凑、合理、科学地排班，确保能以精简的人员满足运营需要。

车站一般采用轮班制，车站员工根据排班表的安排上岗。车站排班一般按定员定岗标准执行，不能擅自增加或减少岗位。特殊情况下，如临时改变行车方案或客流量增大需进行合理化调整时，需及时通知员工并上报上一级领导。排班时，要注意执行《中华人民共和国劳动法》的规定，每月确保员工的休息时间符合国家规定，班与班的时间间隔至少为12小时。排班时要考虑新老搭配、业务搭配和性格搭配。员工因个人原因调班时，一般要提前提出书面申请并说明原因，经批准后方可调班。员工上岗时必须持有本岗位资格证，不允许低岗顶高岗。

2. 信息汇报制度

因为车站每天都有大量生产信息需要向外反馈，因此必须有清晰的汇报流程，以确保信息的反馈能及时、有效地得到恰当的处理。

通常情况下，车站要汇报的信息可分为一般生产信息和重要或紧急情况信息两类。对于一般生产信息，可以每天汇总，并按规定逐级反馈到部门进行处理；发生重要或紧急事件时，由车站当班值班站长根据事件的具体情况，按相关规定立即向相关负责人进行汇报，并做好记录。一般生产信息汇报，按由下至上的顺序（站务员—值班员—值班站长—站长）实行逐级汇报，在非正常情况下可越级汇报。

3. 会议制度

为了传达近期工作重点和重要文件精神，总结本班的运营工作情况，培训相关知识，轨道交通车站一般在早班员工和中班员工交接之前召开车站交接班会议，确保重要生产信息顺畅传递，保障车站各岗位员工能明确各项生产任务的目标、要求。当班值班站长是车站交接班会议的组织人。车站交接班会议是车站当班员工获知各种信息的重要途径，也是培训、学习业务知识的关键时机。

轨道交通车站除了设有交接班会议外，通常还设有全站员工大会、综合治理会、专题会议等。

项目一　城市轨道交通车站认知

4. 巡视制度

轨道交通车站作为一个开放型的公共场所，服务对象的群体具有流动性、临时性、复杂性、不确定性等特点。为保证运营时间内各种设备和设施的正常运行，确保正常的运营服务，车站各层级人员均需要在日常工作中进行巡视，以保证场所、设备和设施、人身和财产的安全。

轨道交通车站通常对车站巡视工作制定制度，明确各岗位的巡视范围和巡视要求。巡视可以根据内容的不同分为人员服务、设备和设施、治安情况、乘客动态等。其中：人员服务主要包括人员的服务态度、仪容仪表、作业流程等；设备和设施主要包括各种设备和设施的运行状态等；治安情况主要包括车站的保卫和综合治理情况等；乘客动态主要包括乘客候车情况、客流情况及乘客所携带的物品情况等。巡视人员在巡视前和巡视后应及时通知车站控制室，并注意做好个人人身安全的防护。在巡视过程中，当发现的问题不能现场解决时，应及时报告给车站控制室的值班人员，由值班人员来安排处理，不要与外部人员发生冲突，以避免事件升级。

5. 文件管理制度

文件是轨道交通车站日常管理中涉及内容最多的一项，是生产信息传递的重要形式，也是轨道交通车站日常运作的"指挥棒"。为了规范车站的文件分类、归档、更新、保管、使用等，轨道交通车站一般都制定文件管理制度，并由车站专人负责分类、归档管理等工作。

在轨道交通车站，通常按照安全、票务、服务、人事、党群、基础管理等类别对文件进行分类，尤其需要重视的是对各类规章的管理，如修订、更新等，以避免因管理不善而导致在某个环节出错。

6. 钥匙管理制度

轨道交通车站的结构布局比较复杂，通常设有多个设备用房来满足正常运营的需要，因此，设备用房的管理显得尤为重要。为了保证设备的正常运作，设备维修人员及设备使用人员会经常进出设备用房，因此应将车站设备用房的钥匙放置在指定位置，如钥匙柜（见图1-19），并保证钥匙的状态正常、良好。

为了确保安全及紧急情况的快速处理，车站通常要保留站内所有设备与管理用房的钥匙用于日常使用，并保留一套备用钥匙，以便发生紧急情况时供车站应急处理使用，车站内任何房间的开启都必须得到车站相关管理人员的同意，由使用人员向车站相关管理人员借用相应钥匙，用完后应及时归还。车站的钥匙应分类存放，日常使用的钥匙一般由值班员负责保管，借用和归还后应做好登记；备用钥匙一般由值班站长负责保管。

轨道交通车站应定期安排人员进行设备用房钥匙的测试，发现有无法使用的钥匙时要及时更换，避免紧急情况下因无法打开设备用房而造成更大的损失。

7. 车控室管理制度

车控室是监督、指挥车站运作的核心地方，集中了车站设备控制系统、行车指挥系统等重要设备，因此必须严格管理，以确保车控室内的人员和设备安全可控。如图1-20所示为车控室综合后备盘（IBP）及综合控制系统。

图 1-19　钥匙柜

图 1-20　车控室综合后备盘及综合控制系统

车控室的工作人员不能超过 3 个（除特殊情况外），车站员工除了工作需要必须进入车控室外，不能以其他理由进入车控室；非站务工作人员到车控室进行施工请/销点作业或借用物品时，不可多人进入，只能由一人到车控室办理相关手续，其他人员在通道门外等候，施工工具不能携带至车控室中；进入车控室的人员应禁止大声喧哗、吵闹，严禁擅自启动、操作任何设备和设施；车控室值班人员作为车控室的负责人，负责车控室的安全，要对进入车控室的人员做好监控，如发现违规行为，应及时制止。

8. 考评管理制度

为了增强车站员工的安全生产意识和服务意识，维护正常的生产秩序和工作秩序，促进车站员工队伍的良性发展，通常需要建立员工绩效考核评价体系，对员工的工作量、工作态度、岗位技能、安全与纪律等方面进行考核与评价，并将评价结果运用于车站员工晋级、劳动合同续签等工作中。

拓展模块

1. 城市轨道交通运营管理系统的组成

城市轨道交通运营管理系统可按功能分为两个子系统（见图 1-21）：一个是体现城市轨道交通基本功能的运输服务管理系统，主要任务是组织列车运行和进行客运服务；另一个是运营保障管理系统（主要是运营设备维护修理体系），主要任务是确保线路、供电、车辆、通信设备、机电设备等系统状态良好，使城市轨道交通系统安全、可靠、高效地运行。

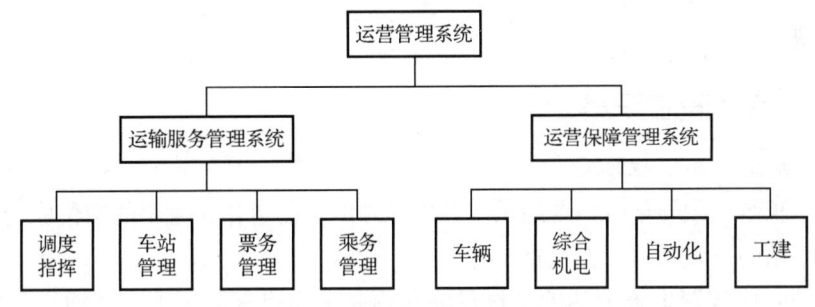

图 1-21 城市轨道交通运营管理系统

2. 控制指挥中心（OCC）组织架构

控制指挥中心是城市轨道交通系统的核心，负责全线的调度指挥工作，客运组织及设施保障部门的运营组织生产工作必须以调度指挥机构的组织计划与组织命令为依据而进行。城市轨道交通系统由控制指挥中心统一指挥，各个部门协调运作，以保证列车安全、正点运行。控制指挥中心的组织架构如图 1-22 所示。

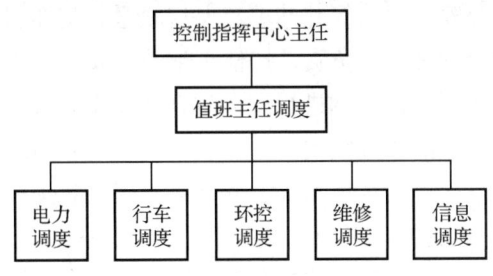

图 1-22 控制指挥中心的组织架构

课后思考

1. 车站的管理模式是什么？
2. 车站的管理制度有哪些？

任务四　车站各岗位的岗位职责及作业流程

学习目标

1. 掌握车站各岗位的岗位职责；
2. 掌握车站各岗位的作业流程。

学习任务

能描述车站各岗位的岗位职责及作业流程。

教学环境

多媒体教室。

理论模块

一、车站各岗位的岗位职责

1. 中心站站长的岗位职责

中心站站长组织领导辖区内各站员工开展车站的全面运作，主要的岗位职责如下。

（1）对车站的行政管理工作负责

中心站站长应按照上级下达的工作目标和相关工作要求制订工作计划，合理安排资源，落实各项工作；对中心站与总部各级管理层的协调工作负责，根据工作需要，及时与相关单位沟通，反馈工作开展情况，确保合作顺畅，为车站员工提供良好的工作环境，解决车站的相关问题；对车站的各项基础管理工作负责，贯彻和细化各项基础管理制度，并定期对执行情况进行检查；对车站各业务的网络管理工作负责，贯彻和细化网络管理工作制度，并定期对执行情况进行检查。

（2）对车站的综合治理工作负责

中心站站长应与地铁公安、保洁等驻站单位保持联系，定期召开会议，确保与各单位的合作顺畅；对车站的安全管理工作负责，担任车站消防安全负责人，建立车站安全生产网络，落实治安、消防工作要求，定期进行安全教育和安全检查，落实安全隐患的整改。

（3）对本中心站所属员工的管理负责

中心站站长有岗位调整权、监督考核权、晋升推荐权，应按考评规定对车站员工奖金进行拉差分配（指员工奖金要拉开差距），指导、审核、检查中心站副站长和值班站长的工作落实情况，并提出改进要求；对车站的员工培训工作负责，组织员工学习和贯彻相关规章制度，根据规定和上级要求，并针对员工工作需求，联络或组织相关培训，以提高员工的业务技能和职业素养，之后对培训方式和培训效果进行检查。

（4）对车站的客运服务工作负责

中心站站长应建立车站客运服务网络，监督车站乘客服务工作，处理乘客投诉、来信、来访及纠纷；对车站的票务管理工作负责，建立车站票务管理网络，监督检查车站票务运作。

（5）对公司规章制度的贯彻执行负责

中心站站长应根据实际情况的变化，参与修改规章制度。

（6）对车站的班组建设和精神文明建设工作负责

中心站站长应定期与员工进行沟通和交流，掌握员工的思想状况。

2. 值班站长的岗位职责

值班站长作为车站当班期间的负责人，应服从中心站站长、副站长的领导，负责全站日常的行车与客运管理、乘客服务、事故处理工作，主要的岗位职责如下。

（1）组织本班员工开展工作

值班站长应负责监督、指导、检查、考核、教育本班站务人员，掌握员工的思想状况，同时负责对车站地域范围内的非站务工作人员进行属地管理。

（2）对本班的运营组织工作负责

值班站长应服从控制指挥中心的指挥，执行调度命令，合理安排岗位，协调各岗位工作，确保行车、设备、车站员工及乘客的安全；负责本班的客运服务工作，指导车站员工的工作，处理乘客事务；负责本班的票务工作，严格执行票务规章制度，确保本班的票务运作顺畅；巡视、检查本班工作中的设备和设施状况，发现故障及异常情况及时处理和报告；同时负责监控和管理站内的施工安全。

（3）对综合治理工作负责

值班站长应加强治安、消防、应急预案的演练，并与地铁公安协作，共同搞好车站的综合治理工作；对突发紧急情况下的处理工作负责，在车站发生异常情况及突发事件时，担任第一负责人，及时采取措施，控制局面，减少人员伤亡及财产损失，尽快恢复运营。

（4）对本班员工的业务技能培训工作负责

值班站长应组织实施车站的培训工作，并检查和评定培训效果；对本站员工的奖罚、岗位调整、晋升有建议权。

（5）对本班的客运服务工作负责

值班站长负责本班台账的填写及相关数据的收集；对所保管的钥匙、备品、门禁卡、台账等负责；负责本班的文件处理，并组织员工学习；对分管业务网络负责，按规定开展本网络的各项工作，定期总结、汇报；有责任向中心站提出本人的意见和建议。

（6）向相关人员汇报车站运作情况

值班站长应及时按程序向中心站站长、副站长和上级部门汇报车站运作情况。

3. 值班员的岗位职责

（1）通用职责

值班员在值班站长的领导下开展工作，并对当班站务员的工作进行监督、指导和检查；主动向值班站长汇报本班设备和设施的运作情况和各岗位的工作情况；落实和执行公司的各级规章制度；发生紧急情况时，及时按有关预案处理和上报；有责任向本班组和中心站提出本人的意见和建议；完成上级布置的其他工作任务。

（2）行车值班员的岗位职责

行车值班员负责对当班站务员和车站地域范围内的非站务工作人员进行管理；对本班的行车组织工作负责，按有关规定操作和监控行车设备；对当班的行车组织、施工登记、施工安全等工作负全面责任；负责监控本班工作中的各项设备和设施状况，发现故障及异常情况及时按有关程序和预案处理；掌握本站的客流情况、乘客动态，处理乘客事务，做好广播服务；负责安排和监督各岗位人员按岗位流程工作，协调各岗位的工作；发生紧急情况时，及时按有关预案处理和上报；负责接听电话，传达相关信息；对所保管的钥匙、备品、门禁卡、台账等负责；负责在"当班情况登记本"上记录本班的重要情况、交接班事项和其他按要求需要记录的内容。

（3）客运值班员的岗位职责

客运值班员在值班站长的领导下，主管车站客运、票务管理、客运服务组织工作。其具体职责如下：负责车站的营收统计工作，统计票务收益，统计车票库存情况，及时申请调整库存车票种类、数量，负责票据填写及保管，在票务管理室的票务处理终端输入相应的数据；负责车票的收发及保管工作；负责安排补币、补票工作及车票回收箱的清理工作，安排票箱、钱箱的更换及清点工作，保管车站的车票、现金及部分票务钥匙并负责其安全，负责票务备品的完整、齐全和车站收益解行的实施和安全；对本班的票务管理工作负责，严格按票务规章和工作流程开展票务工作；负责安排并监督站务员的票务工作；负责处理本班与乘客相关的票务事务及服务事务。

4. 站务员的岗位职责

（1）通用职责

车站站务员在车站值班员的领导下进行车站日常工作；有权对本班车站内的非站务工作人员进行管理；按《乘客服务工作标准》的规定服务乘客；有权针对车站管理工作向本班组或中心站提出本人的意见和建议；制止并处理乘客违反法律法规和公司规章的行为；完成上级布置的其他工作。

（2）售票岗站务员的岗位职责

售票岗站务员负责本班客服中心的售票、充值工作；处理与乘客相关的票务事务；对填写的票务报表和当日票款收益负责；对本班客服中心内的卫生工作及安全工作负责；负责本班客服中心内的设备、备品的管理，客服中心的门随时处于锁闭状态；兼任厅巡岗或站台岗站务员的必须履行相应的岗位职责。

（3）厅巡岗站务员的岗位职责

厅巡岗站务员对本岗位巡视范围内设备和设施的正常运作和卫生状况负责，确保车站、设备和设施的卫生保持良好状态；回答乘客的询问，解决乘客的问题，帮助老、弱、病、残和有困难的乘客，并指引所持车票异常的乘客到客服中心进行车票处理；留意站厅内乘客的动态，积极疏导乘客，防止人员拥挤，发现排长队或大客流时及时汇报；留意是否有精神异常、酗酒的乘客，禁止其进站乘车，严禁乘客携带"三品"（易燃品、易爆品和危险品）及超大、超长、超重的物品进站；发现乘客有故意损坏或偷窃站厅设备和设施

的行为时及时制止和报告;在出入口、站厅范围内发生治安、安全及客伤事件时,要保护现场,寻找目击证人;负责出站闸机票箱的更换工作,协助客运值班员更换自动售检票设备中的票箱、钱箱;负责站厅边门的管理。

(4)站台岗站务员的岗位职责

站台岗站务员对本岗位巡视范围内的设备、设施的正常运作和卫生状况负责,确保车站、设备和设施的卫生保持良好状态;负责按站台"接发列车三部曲"接发列车,监视列车运行状态、候车乘客动态、乘客上下车状态,处理在接发列车过程中发生的突发事件;当站台发生物品掉落轨道事件时,立即做好乘客引导和安抚工作,并及时汇报,按相应程序处理;随时提醒乘客注意安全,发现乘客有异常情况及时汇报并处理;对发生在站台的客伤事件要及时汇报,做好乘客的安抚工作,并寻找两名或两名以上的目击证人。

二、车站各岗位的作业流程

轨道交通运营公司应根据各车站的规模及客流量大小为车站配备一定数量的站务人员。鉴于各公司的管理及各城市的居民出行方式有一定的差异,本教材以某地铁运营公司车站各岗位的作业流程为例来介绍轨道交通车站各岗位的作业流程。

1. 值班站长的作业流程

值班站长实行"白—夜—休—休"的四班两运转制。夜班值班站长比白班值班站长增加施工防护、组织演练、运前检查等工作。车站会依据本站某时段的客流特点及公司规章制度对值班站长岗位的工作时间进行灵活调整。某站白班值班站长的作业流程如表1-2所示,夜班值班站长的作业流程如表1-3所示。

表1-2 白班值班站长的作业流程

时间	工作内容	工作地点
07:30~07:45	中心站早班会	中心站
07:45~08:15	更衣	本站更衣室
08:15~08:30	与夜班值班站长交接班,重点交流新文件、通知和命令,当班期间存在的问题、隐患及处理情况,生产中已完成和未完成的情况	本站站长室
08:30~11:30	按岗位职责作业	本站范围内
11:30~13:00	负责当班员工轮岗用午餐	本站范围内
13:00~14:00	按岗位职责作业	本站范围内
14:00~14:30	中班会准备	本站站长室
14:30~15:00	开中班会	本站会议室
15:00~17:00	按岗位职责作业	本站范围内
17:00~17:30	负责当班员工轮岗用晚餐	本站范围内
17:30~18:30	晚高峰服务	本站范围内
18:30~19:00	监督客运值班员交接工作	本站票务管理室
19:00~19:30	交班准备及与夜班值班站长交接班	本站站长室
19:30~20:00	签退,下班	本站车控室

表1-3　夜班值班站长的作业流程

时　　间	工　作　内　容	工　作　地　点
19:00～19:10	提前到站，更衣	本站更衣室
19:10～19:30	了解新文件、通知和命令，与白班值班站长交接班	本站站长室
19:30～20:30	按岗位职责作业	本站范围内
20:30～22:10	配合做好部分TVM钱箱和票箱的收取工作，做好施工预想	本站站厅及车控室
22:10～23:00	末班车服务	本站范围内
23:00～07:00	按岗位职责作业	本站范围内
07:00～08:00	早高峰服务	本站范围内
08:00～08:15	监督客运值班员交接工作	本站票务管理室
08:15～08:30	与白班值班站长交接班	本站站长室
08:30～09:00	签退，下班	本站车控室

值班站长交接班的注意事项。

① 交班人在交班前检查所保管的钥匙、备品、门禁卡情况，检查各类台账，写好交班事项，做好交接班准备。

② 接班人签到后开始交接，交接时检查和清点钥匙、备品、门禁卡等，核对各类台账。

③ 接班人检查文件和邮件，核实交班人完成或未完成的工作，模糊、有疑点的问题及时了解清楚。

④ 完成交接后，接班人在相关交接班记录本上签名，交班人可签退，签名后出现因交接不清而发现的问题时由接班人负责。

2. 值班员的作业流程

地铁车站值班员实行"白—夜—休—休"的四班两运转制，有行车值班员岗和客运值班员岗。

（1）行车值班员的作业流程

白班行车值班员的作业流程如表1-4所示，夜班行车值班员的作业流程如表1-5所示。

表1-4　白班行车值班员的作业流程

时　　间	工　作　内　容	工　作　地　点
07:30～07:45	中心站早班会	中心站
07:45～08:00	更衣	本站更衣室
08:00～08:15	与夜班行车值班员交流，重点交流新文件、通知和命令，当班期间存在的问题、隐患及处理情况，生产中已完成和未完成的情况	本站车控室
08:15～11:30	定期查看各种设备的运行状态、温度和客流情况，发现问题及时按规定汇报	本站车控室
11:30～13:00	负责当班员工轮岗用午餐	本站车控室
13:00～14:30	中班会准备（核实各岗位到岗情况）	本站车控室
14:30～17:00	按岗位职责作业	本站车控室

续表

时 间	工 作 内 容	工 作 地 点
17:00~17:30	负责当班员工轮岗用晚餐	本站车控室
17:30~18:30	晚高峰服务	本站车控室
18:30~19:10	做好交接班准备工作	本站车控室
19:10~19:30	交班准备及与夜班行车值班员交接班	本站车控室
19:30~20:00	签退，下班	本站车控室

表1-5　夜班行车值班员的作业流程

时 间	工 作 内 容	工 作 地 点
19:00~19:10	提前到站，更衣	本站更衣室
19:10~19:30	了解新文件、通知和命令，与白班行车值班员交接班	本站车控室
19:30~20:30	按岗位职责作业	本站车控室
20:30~22:10	阅读施工计划信息表，做好施工卡控和预想	本站车控室
22:10~23:00	做好与末班车相关的客运组织工作，执行关站程序	本站车控室
23:00~04:30	按规定转换环控模式，完成夜间施工作业办理	本站车控室
04:30~04:40	接行车调度、电力调度、环控调度的运营前检查通知	本站车控室
04:40~06:00	与行车调度核实施工完成情况，并汇报运营前检查结果，执行行车调度发布的列车运行图及其他调令。 向电力调度、环控调度汇报运营前检查结果，执行电力调度、环控调度的相关调令，开启相应模式	本站车控室
06:00~07:00	核实各岗位到岗情况，执行开站程序	本站车控室
07:00~08:00	早高峰服务	本站车控室
08:00~08:15	与白班行车值班员交接班	本站车控室
08:15~08:45	签退，下班	本站车控室

行车值班员交接班的注意事项。

① 交班人在交班前检查所保管的钥匙、备品、门禁卡、车控室内设备情况，检查各类台账，写好交班事项，做好交接班准备。

② 接班人签到后开始交接，交接时检查和清点钥匙、备品、门禁卡、车控室内设备等，核对各类台账。

③ 接班人详细了解"当班情况登记簿""调度命令登记簿""故障报修登记簿"上记录的内容和其他交接班事项，核实交班人完成或未完成的工作，模糊、有疑点的问题及时了解清楚。

④ 交班人注销相关设备系统，接班人登录。

⑤ 完成交接后，接班人在相关交接班记录本上签名，交班人可签退，签名后出现因交接不清而发现的问题时由接班人负责。

（2）客运值班员的作业流程

白班客运值班员的作业流程如表1-6所示，夜班客运值班员的作业流程如表1-7所示。

表1-6　白班客运值班员的作业流程

时间	工作内容	工作地点
07:30～07:45	中心站早班会	中心站
07:45～08:00	更衣	本站更衣室
08:00～08:15	与夜班客运值班员交流，重点了解新文件、通知和命令，当班期间存在的问题，生产中已完成和未完成的情况，当面清点所有钱款、票、备品	本站票务管理室
08:15～11:30	履行岗位职责，按巡视检查制度检查售票岗站务员的工作情况，处理当班期间的各项票务事务，填写各类报表和台账，按规定上交报表	本站站厅及客服中心
11:30～13:00	负责当班员工轮岗用午餐	本站范围内
13:00～14:00	按岗位职责作业	本站范围内
14:00～14:30	中班会准备	本站票务管理室
14:30～15:00	开中班会	本站会议室
15:00～17:00	给售票岗站务员配票，配备用金，监督售票岗站务员交接工作，并结账	本站范围内
17:00～17:30	负责当班员工轮岗用晚餐	本站范围内
17:30～18:30	晚高峰服务	本站范围内
18:30～19:00	交班准备及与夜班客运值班员交接班	本站票务管理室
19:00～19:30	签退，下班	本站车控室

表1-7　夜班客运值班员的作业流程

时间	工作内容	工作地点
18:10～18:30	提前到站，更衣	本站更衣室
18:30～19:00	与白班客运值班员交接班，了解新文件、通知和命令，当面清点所有钱款、票、备品	本站票务管理室
19:00～19:30	填写各类报表和台账	本站票务管理室
19:30～20:30	按岗位职责作业	本站范围内
20:30～22:10	做好部分TVM钱箱和票箱的收取工作，按巡视检查制度检查售票岗站务员的工作情况	本站站厅及客服中心
22:10～23:00	末班车服务	本站范围内
23:00～05:30	做好全部TVM钱箱和票箱的收取工作，与值班站长完成票款清点和打包等工作，完成相关报表及台账，并进行审核	本站票务管理室
05:30～06:00	完成补币、补票工作，检查所有售检票设备的状态，按岗位流程给售票岗站务员配票、结账，并监督售票岗站务员交接工作	本站票务管理室
06:00～07:00	加封报表，整理票务管理室内务，准备相关交接工作	本站票务管理室
07:00～08:00	早高峰服务	本站范围内
08:00～08:15	与白班客运值班员交接班	本站票务管理室
08:15～08:45	签退，下班	本站车控室

客运值班员交接班的注意事项。

① 交班人在交班前整理所有票款、备用金、钥匙、票务备品，做好交接准备。

② 接班人签到后开始交接，交接时检查所有票款、备用金、钥匙、票务备品情况，检查台账填写情况，检查卫生情况，检查上一班的票务报表。

③ 接班人详细了解在交接班记录本上记录的内容和其他交接班事项，核实交班人完成或未完成的工作，模糊、有疑点的问题及时了解清楚。

④ 交班人注销相关设备系统，接班人登录。

⑤ 完成交接后，接班人在交接班记录本上签名，交班人可签退，签名后出现因交接不清而发现的问题时由接班人负责。

3. 站务员的作业流程

地铁车站的站务员通常实行"早—中—休"的三班两运转制，将全天的运营时间分为早班和中班两个范围，早班和中班的作业流程基本一样。下面均以各岗位站务员的早班作业流程为例进行介绍。

（1）售票岗站务员的作业流程

早班售票岗站务员依据本站开站时间合理安排到岗时间，其作业流程如表1-8所示。

表1-8　早班售票岗站务员的作业流程

时　间	工　作　内　容	工　作　地　点
06:00~06:10	签到，了解当天的工作注意事项和重要通知	本站车控室
06:10~06:20	到票务管理室领票、备用金和票务备品	本站票务管理室
06:20~06:30	到达客服中心，打开窗口，做好售票准备	本站客服中心
06:30~11:00	按岗位职责作业	本站客服中心
11:00~11:30	午餐	本站休息室
11:30~14:30	按岗位职责作业	本站客服中心
14:30~15:00	与中班售票岗站务员交接	本站客服中心
15:00~15:15	与客运值班员结账	本站票务管理室
15:15~15:30	签退，下班	本站车控室

售票岗站务员交接班的注意事项。

① 交班人摆好交接告示，向乘客做好解释工作。

② 交班人将现金和车票整理好并放入票盒后开始交接（交班后不立即结账的，要将票盒加锁，锁用封条加封）。

③ 交接班时，交接双方核查票务备品、钥匙、对讲设备、求助按钮、客服中心内务及客服中心内外物品摆放情况，检查客服中心内有无来历不明的现金和车票。

④ 交接时如果发现问题应马上报值班站长或值班员，若接班人确认无误，则在交接班记录本上签名。

⑤ 交班人退出系统，接班人登录，由接班人向车控室报告交接人员和时间。

⑥ 摆放好车票和备用金后撤除交接告示。

（2）厅巡岗站务员的作业流程

早班厅巡岗站务员的作业流程如表1-9所示。

表1-9　早班厅巡岗站务员的作业流程

时间	工作内容	工作地点
06:20～06:30	签到，了解当天的工作注意事项和重要通知，领取钥匙和备品	本站车控室
06:30～11:00	按岗位职责作业	本站站厅
11:00～11:30	午餐	本站休息室
11:30～15:00	按岗位职责作业	本站站厅
15:00～15:15	与中班厅巡岗站务员交接	本站站厅
15:15～15:30	签退，下班	本站车控室

（3）站台岗站务员的作业流程

早班站台岗站务员的作业流程如表1-10所示。

表1-10　早班站台岗站务员的作业流程

时间	工作内容	工作地点
06:20～06:30	签到，了解当天的工作注意事项和重要通知，领取钥匙和备品	本站车控室
06:30～11:00	按岗位职责作业	本站站台
11:00～11:30	午餐	本站休息室
11:30～15:00	按岗位职责作业	本站站台
15:00～15:15	与中班站台岗站务员交接	本站站台
15:15～15:30	签退，下班	本站车控室

课后思考

1. 叙述站务员各岗位的岗位职责。
2. 叙述早班售票岗站务员的作业流程。
3. 叙述客运值班员交接班的注意事项。
4. 叙述售票岗站务员交接班的注意事项。

项目二　城市轨道交通车站开启与关闭

项目描述

在本项目中，学生可通过完成车站客运服务设备和设施开启与关闭等工作任务来掌握影响车站开关的因素，熟悉车站各种客运服务设备和设施的开关程序，掌握车站开关流程中各岗位的工作内容，从而达到能按作业标准开启及关闭车站的最终目标。

任务一　车站客运服务设备和设施开启与关闭

学习目标

1. 掌握车站自动扶梯及垂直电梯的开关流程及规定；
2. 掌握车站自动售检票系统终端设备的开关及照明系统的转换。

学习任务

按作业流程及标准开启与关闭车站客运服务设备和设施。

教学环境

理实一体化教室。

理论模块

一、电梯的开关

城市轨道交通车站为了方便乘客，一般会配置自动扶梯、垂直电梯及轮椅升降机。自动扶梯和垂直电梯均为承压类特种设备，操作不当易发生人员伤亡事故，因此自动扶梯和垂直电梯必须由持特种设备作业资格证书的人员进行操作。

目前，各城市轨道交通车站使用的自动扶梯和垂直电梯的品牌和型号不尽相同，而各品牌的操作程序也有差异。本书只介绍其中一种自动扶梯、垂直电梯和轮椅升降机的操作程序。

1. 自动扶梯

（1）自动扶梯的功能及结构

自动扶梯是指带有循环运行梯级，用于向上或向下倾斜输送乘客的固定电力驱动设备。自动扶梯作为城市轨道交通车站内集散乘客的主要运输工具，可以将乘客安全、快捷、舒适地送入或送出车站，可有效地解决地面至站厅、站厅至站台不同标高间乘客的乘降需要，改善乘客乘车条件，增加乘车舒适度，是城市轨道交通车站建筑设计中非常重要的一个环节。

自动扶梯由梯级、驱动装置、框架结构、控制与安全装置等组成，具体如图2-1所示。

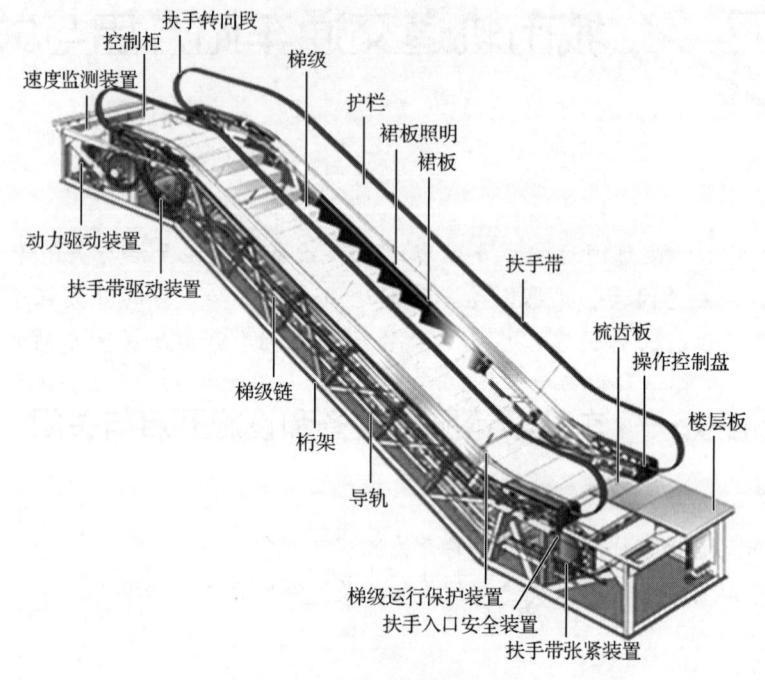

图2-1　自动扶梯的组成

（2）自动扶梯的开关

① 自动扶梯运行前的准备工作。在运行自动扶梯前应检查自动扶梯的梯级、扶手带、梳齿板和裙板，以及裙板与梯级间的间隙（如图2-2所示为开启自动扶梯前工作人员在检查裙板与梯级间的间隙有无异物），清除夹在间隙的碎纸、小石子、口香糖等异物；检查自动扶梯周围的安全设施（三角区的护板，防止进入的栅栏、隔板及防护网）有无破损等异常状况；确认紧急停机按钮是否处于正常状态（如果处于动作状态，必须将其恢复到正常状态）。

② 自动扶梯的开启程序。将钥匙插入操作控制盘上的报警停止开关，鸣响警笛，发出开始运行信号后放手，钥匙将自动回到中央位置，此时可将钥匙拔出；确认自动扶梯上无人后，再将钥匙插入运行开关，如图2-3所示，向运行方向（上或下）旋转，自动扶梯开始运行，待运行稳定后放手，钥匙自动回到中央位置，此时可将钥匙拔出（启动时一只手旋转钥匙，另一只手放在紧急停机按钮上，以便出现异常情况时及时按紧急停机按钮）；确认扶手带是否正常转动，如有异常声响或振动时，要立即按紧急停机按钮，使自动扶梯停止运行，同时通知维修人员；确认正常运行后，再试运行5~10分钟（如果在试运行过程中按了紧急停机按钮，则待问题得到处理后，必须将红色罩复原）。

图 2-2　开启自动扶梯前检查裙板与梯级间的间隙有无异物

图 2-3　开启自动扶梯（将钥匙插入运行开关）

③ 自动扶梯的关闭程序。确认是否有异常声响或振动发生，如果存在问题则立即使自动扶梯停止运行。停止运行之前，不允许乘客再进入自动扶梯；将钥匙插入报警停止开关，鸣响警笛；确认自动扶梯附近或梯级上无人后，再用钥匙开启停止开关，然后将钥匙拔出，则自动扶梯慢慢停止运行。一天的正常运行结束后，必须认真检查并清扫自动扶梯的梯级、扶手带、梳齿板的齿、裙板及扶梯下部专用房；正常情况下，自动扶梯停止运行后，应设置停止使用牌，防止乘客将其当楼梯使用。

④ 自动扶梯的紧急停机程序。当出现异常情况且必须使用紧急停机按钮时，应在大声提醒乘客"紧急停机，请抓住扶手"后，再行操作。如图 2-4 所示为自动扶梯紧急停机按钮。

紧急停机的正确操作：在现场操作时，用手指按动红色罩，使按钮从凸起状态变为凹陷状态，操作后，用手指按动红色罩周围，使其中部恢复正常状态；在车控室操作时，应敲破玻璃片，按下按钮，最后复位，拔起按钮。

⑤ 转换自动扶梯运行方向的操作程序。将钥匙插入报警停止开关，鸣响警笛；确认自动扶梯附近或梯级上无人后再用钥匙开启停止开关，然后将钥匙拔出；待自动扶梯停止运行后，将钥匙插入运行开关，开启希望运行方向的开关（上或下）。

图 2-4 自动扶梯紧急停机按钮

2. 垂直电梯

（1）垂直电梯的功能及结构

在城市轨道交通车站中，设置垂直电梯是为了满足无障碍设计的需求，同时兼顾乘客携带大尺寸、重行李时的垂直乘降功能。

其内部结构如图 2-5 所示。

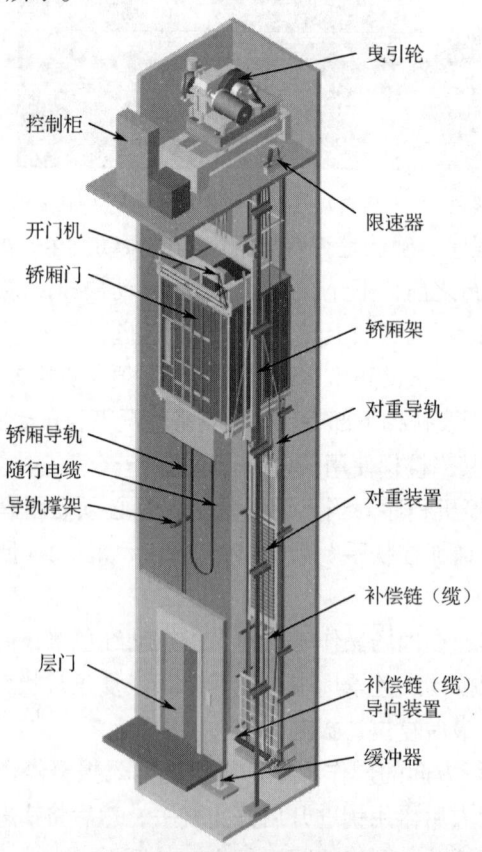

图 2-5 垂直电梯的内部结构

垂直电梯系统由曳引系统、导向系统、轿厢系统、门系统、重量平衡系统、电力拖动系统、电气控制系统、安全保护系统8个部分组成。各组成部分的功能及构件如表2-1所示。

表2-1 垂直电梯系统各组成部分的功能及构件

序号	系统名称	功能	主要构件与装置
1	曳引系统	输出与传递动力,驱动电梯运行	曳引机、钢丝绳、导向轮、反绳轮等
2	导向系统	限制轿厢和对重的活动自由度,使轿厢和对重只能沿着导轨上下运行	轿厢导轨、对重导轨及导轨架
3	轿厢系统	用于运送乘客和货物,是电梯的工作部分	轿厢架和轿厢体
4	门系统	乘客或货物的进出口,运行时层门、轿厢门必须封闭,到站时才能打开	层门、轿厢门、开门机、联动机构、门锁等
5	重量平衡系统	平衡轿厢重量,补偿高层电梯中曳引绳长度的影响	对重、重量补偿装置等
6	电力拖动系统	提供动力,对电梯实行速度控制	曳引电动机、供电系统、速度反馈装置、电动机调速装置等
7	电气控制系统	对电梯的运行实行操纵和控制	操纵装置、位置显示装置、控制柜、平层装置、选层器等
8	安全保护系统	保证电梯的安全使用,防止一切危及人身安全的事故发生	限速器、安全钳、缓冲器、端站保护装置等

（2）垂直电梯的开关

① 开梯程序。认真阅读上一班交接记录,打开层门后,确认电梯轿厢在本层后方可踏进;进轿厢后,认真检查各控制开关及照明通风开关是否正常;用手试按安全触板开关、光电开关,确认是否灵敏可靠;把各开关调回正常位置,来回走一趟,确定没有异常后方可投入正常运行。

② 关梯程序。关梯前乘电梯检查一趟,如果存在异常要及时通知维修保养人员进行处理;检查电梯无异常后,将电梯停在首层,以便于次日开梯;断开轿厢内的所有开关。

3. 轮椅升降机

（1）轮椅升降机的功能及结构

轮椅升降机是一种较新颖的设备,一般安装在车站站台到站厅和地面到站厅步行楼梯的一侧,提供给坐轮椅的乘客上下楼使用,弥补了某些车站垂直电梯不能到达地面的不足。轮椅升降机专门为行动不便人士设计,可与车站控制室视频通话,方便乘客召援。

轮椅升降机占地面积较小,主要由轮椅平台、扶手导轨、外唤盒、驱动电动机、控制主板、各种安全装置等部件组成,其中,驱动电动机、控制主板及各种安全装置安装于轮椅升降机内部,如图2-6所示。

（2）轮椅升降机的使用方法

当接到乘客使用轮椅升降机的请求时,工作人员应立即赶往步行楼梯处。正确的使用方法是,首先将轮椅升降机展开,然后将乘客的轮椅推到轮椅升降机平台上,按动控制器,驱动轮椅升降机运行,待乘客用完后将轮椅升降机重新折叠好。

（a）备用状态　　　　　　　　　　　　（b）展开使用状态

图 2-6　轮椅升降机

二、自动售检票系统终端设备的开关

自动售检票系统终端设备安装在各车站站厅内，是自动售检票系统直接为乘客提供售检票服务的设备，是完成车票发售、进站检票、出站检票、充值、车票分析，以及交易处理数据的采集、保存、上传的设备。

自动售检票系统终端设备的开启与关闭可由车站计算机下达指令来控制，也可在各个设备现场对设备进行电源的开启与关闭（具体操作过程略）。

三、照明系统及环控系统的转换

为了节约能源，在运营时间结束后，环控系统会由大系统转换为小系统，照明会由运营照明转换为节电照明；在开站之前，环控系统又会由小系统转换成大系统，照明同样也会由节电照明转换为运营照明。这种转换操作具体由行车值班员在车控室的综合后备盘上完成。如图 2-7 所示为车站综合后备盘上的环控系统控制开关。

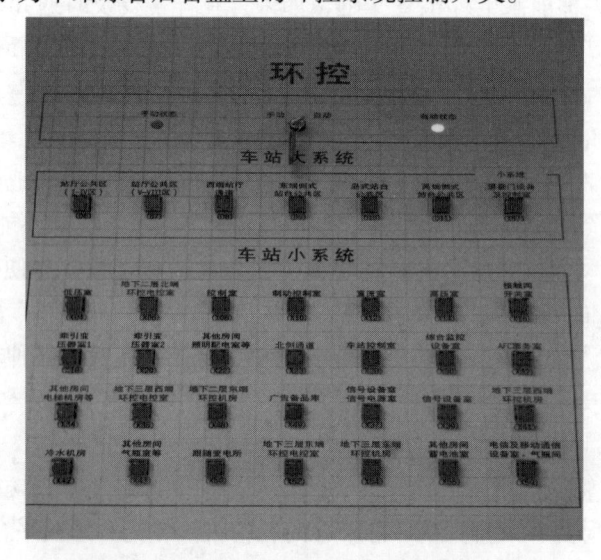

图 2-7　车站综合后备盘上的环控系统控制开关

四、出入口的开关

出入口是乘客出入城市轨道交通车站的地方,因此在打开出入口之前应确认出入口周边的环境卫生及安全状况,以保证乘客安全、顺畅地出入城市轨道交通车站。

实训模块

[实训任务]自动扶梯的开关。

[实训目的]掌握地铁车站内自动扶梯的开关程序及紧急停机按钮的使用。

[实训要求]掌握自动扶梯的开关程序及紧急停机按钮的使用时机。

[实训环境]理实一体化教室。

[实训指导]指导学生观察自动扶梯的外部结构。

[实训考评]自动扶梯开关的操作程序全面,动作标准。

课后思考

1. 叙述自动扶梯的开启程序。
2. 叙述自动扶梯的关闭程序。
3. 叙述自动扶梯的紧急停机程序。

任务二　开站和关站

学习目标

1. 掌握开站程序;
2. 掌握关站程序。

学习任务

模拟开关站。

教学环境

理实一体化教室。

理论模块

一、开关站的概念

一般来说,轨道交通车站以开站作为一天正常运营服务工作的开始,以关站作为一天正常运营服务工作的结束。

开站之前必须确保线路上没有影响行车的异物,各种设备的运行状态良好,各种服务设备和设施已经开启且运行正常。为满足乘客正常乘车的需要,车站要在首班载客列车到站前按要求安排售票岗站务员领票、到岗,做售票准备工作。在确认这些工作已经准备就绪后再打开车站的各个出入口,开始一天的正常运营服务。

在通常情况下，关站后不再提供对外运营服务。但夜间的各种施工，设备和设施的各种检修工作，车站车票收益等各种核算工作及统计报表的填写一般安排在关站后进行。

目前，综合考虑多方因素，国内轨道交通车站暂未提供 24 小时运营服务，因此每天运营开始前开放车站的准备工作称为开站，每天运营结束后关闭车站的准备工作称为关站。如图 2-8 所示为地铁站关闭后的出入口。按照国际惯例，轨道交通车站的运营服务时间一般作为其服务承诺对外界公布，因此，车站需要严格按照运营服务时间开关站。

图 2-8 地铁站关闭后的出入口

为保证对乘客的服务质量，轨道交通运营公司一般统一规定各车站的开站和关站时间及程序。轨道交通车站通常以本站首班载客列车或末班载客列车的到站时间为基准点，开关相关设备、出入口及安排各岗位人员等，确保对外服务的标准统一。

二、影响开关站的因素

城市轨道作为城市交通运输的核心，具有较浓厚的社会公益性质，其运营服务时间一般根据本城市居民的生活习惯、出行规律、工作时间、客流分布、运营成本等特点确定，同时考虑与其他交通方式运营时间的衔接。

技术模块

一、开站

1. 开站准备

① 检查线路上有没有影响行车的异物，与行车调度共同确认线路情况。
② 检查车站各种设备的运行状态是否良好。
③ 开启车站的各种服务设备和设施。
④ 首班载客列车到站前，按要求安排售票岗站务员领票、到岗，做好售票准备工作。
⑤ 开放轨道交通车站的出入口，准备对外运营服务。

2. 开站程序

开站程序如表 2-2 所示。

表 2-2　开站程序

责任人	内　　容
行车值班员	首班载客列车到站前××分钟，按规定试验道岔，安排人员试开关屏蔽门，检查站台和线路出清情况，并向行车调度汇报
行车值班员	首班载客列车到站前××分钟，开启环控系统，并检查运行情况
售票岗站务员	首班载客列车到站前××分钟领票，首班载客列车到站前××分钟到岗
行车值班员	首班载客列车到站前××分钟启动运营照明，并开启自动售检票设备，检查自动售检票设备是否处于正常状态
站台岗站务员	首班载客列车到站前××分钟到站，首班载客列车到站前××分钟领齐备品到岗
厅巡岗站务员/值班站长	首班载客列车到站前××分钟，完成自动扶梯开启工作，首班载客列车到站前××分钟完成出入口开放工作，并巡视全站
厅巡岗站务员/值班站长	首班载客列车到站前××分钟，确认与末班车和运营终止相关的告示、备品等已撤除，并按运营需要布置
行车值班员	首班载客列车到站前××分钟，检查自动扶梯是否处于开启状态

二、关站

1. 关站的作业内容

由于轨道交通线路上有多个车站，各站的末班载客列车到站时间不一致，因此，车站在最后一班载客列车到站之前通常要设置各种告示，以避免乘客错过末班载客列车。同时，车站要选择适当的时机广播末班载客列车信息，提醒乘客做好乘车安排。

末班载客列车开出后，站务人员巡视车站，在确认没有乘客滞留后关闭自动售票设备及进出站的检票设备；在确认没有乘客滞留后关闭各个出入口，关停站内的自动扶梯等服务设备。此时，车站的各种设备和设施转入夜间运行模式。关站的具体作业内容如下。

① 运营结束前，摆放末班载客列车告示，广播末班载客列车信息。
② 根据车站的实际情况关闭自动售票机，停止售票和进站检票工作，并监控末班载客列车的广播情况。
③ 巡视车站，确认全部乘客已经出站，没有乘客滞留。
④ 整理车票、现金及客服中心备品，回票务管理室结账。
⑤ 关闭出入口，关闭自动扶梯、自动售检票设备和设施等。
⑥ 将车站的照明、环控等设备和设施转入夜间运行模式。

2. 关站程序

关站程序如表 2-3 所示。

表 2-3 关站程序

责任人	内容
值班站长	本站末班载客列车服务时间前××分钟开始到站厅、站台等查看各岗位工作情况
行车值班员	开往某一方向的末班载客列车服务时间前××分钟启动该方向末班载客列车广播,并通知各岗位
行车值班员	本站末班载客列车服务时间前××分钟关闭自动售票机,并通知各岗位
厅巡岗/售票岗站务员	开往某一方向的末班载客列车服务时间前××分钟摆放有关服务信息的告示,告知乘客相关信息,停止该方向售票,末班载客列车开出后,关停自动扶梯
站台岗站务员/值班站长	末班载客列车开出后对站台进行检查,确认没有乘客后,关停自动扶梯
行车值班员	运营结束后,启动节电照明
值班站长	本日列车服务终止后清站,确认出入口关闭、自动扶梯、运营照明、自动售检票设备全部关闭

实训模块

[实训任务]分岗位模拟开站、关站程序。

[实训目的]掌握地铁车站开关程序。

[实训要求]分小组分岗位按岗位作业内容模拟,要求边操作边口述。

[实训环境]理实一体化教室。

[实训指导]指导不同岗位在开关站中的作业内容。

[实训考评]内容全面,操作清晰。

课后思考

1. 为什么每个车站的开关站时间不同?
2. 售票岗站务员在开站工作中的作业内容有哪些?

项目三　城市轨道交通客流调查与分析

项目描述

深入的客流特征分析是做好城市轨道交通车站客运组织工作的基础。为了掌握车站客流的现状及变化规律，需要经常进行各种形式的客流调查。在本项目中，学生可通过学习客流调查方法，有针对性地进行车站客流调查，并统计相关数据；通过学习客流特征分析方法，能够根据客流调查的数据对车站的不同客流特征进行有效的分析，从而掌握车站的客流变化规律，为有效地组织和引导客流提供依据。

任务一　客流调查统计

学习目标

1. 掌握车站客流调查的种类；
2. 掌握车站客流调查的统计指标。

学习任务

学习客流调查的方法，能够根据要求选择相应的调查方法进行客流调查，并能够根据调查的数据进行相应的指标计算。

教学环境

多媒体教室。

理论模块

一、客流的含义及其影响因素

1. 客流的含义

客流是指在单位时间里，轨道交通线路上乘客流动人数和流动方向的总和。客流的含义既表明了乘客在空间上的位移情况和数量，又强调了这种位移带有方向性和具有起止位置。客流既可以是预测客流，也可以是实际客流。

根据客流的时间分布特征，轨道交通客流可分为全日客流、全日分时客流和高峰小时客流。全日客流是指每日轨道交通线路输送的客流量；全日分时客流是指一天内轨道交通线路各小时输送的客流量；高峰小时客流一般是指轨道交通线路上早、晚高峰及节假日高峰小时内输送的客流。

根据客流的空间分布特征，轨道交通客流可分为断面客流和车站客流。断面客流是指轨道交通线路各区间的客流；车站客流是指轨道交通车站上车、下车和换乘的客流。

根据客流的来源，轨道交通客流可分为基本客流、转移客流和诱增客流。基本客流是指轨道交通线路既有客流加上按正常增长率增加的客流；转移客流是指由于轨道交通具有快速、准时、舒适等优点，使原来经常由常规公交和自行车出行转移到经由轨道交通出行的那部分客流；诱增客流是指轨道交通线路投入运营后，因促进沿线土地开发、住宅区形成规模、商业活动繁荣所诱发的新增客流。

2．影响客流的因素

（1）轨道交通沿线土地利用情况

轨道交通沿线土地利用情况与客流的关系是"源"与"流"的关系。沿线土地利用对轨道交通客流规模起着举足轻重的影响力，如果轨道交通线路行经的区域能将城市的主要居住区和商务区覆盖，那么其客流就会有基本的保障。

（2）城市布局发展模式

土地利用规划对城市布局发展模式有着重要的影响力，即通常伴随着客流的大幅增长。例如：北京地铁13号线的修通，带动了沿线房地产业的发展，进而为13号线输送了稳定的客流。

（3）城市人口规模与出行率

城市中的出行量与人口规模、出行率存在密切的关系。因此，除了分析常住人口、暂住人口和流动人口的数量外，还应分析人口的年龄、职业、出行目的、居住区域等特征。调查资料显示，不同人群的出行率存在一定的差异，一般规律如下：在常住人口中，中青年人群的出行率高于幼年与老年人群的出行率；上班、上学人群的出行率高于退休人群的出行率等。

（4）交通政策

大城市确立的是以公共交通为主、个体交通为辅的交通运输政策，优先发展公共交通、大力发展轨道交通、控制私人汽车的发展，这一政策对引导市民出行选择公共交通与城市轨道交通具有重要的作用。

（5）交通网的规模与布局

多层次的轨道交通线网、合理的线路布局及走向和功能完善的换乘枢纽，对实现城市中心区域45分钟交通网、增大轨道交通对出行者的吸引力、提高轨道交通在公共交通中的运量分担比例有着重要的作用。

（6）票价

票价是影响客流的重要因素，票价的变动会对沿线客流数量和运营公司的票务收入产生综合影响。票价与市民的消费能力及收入水平直接相关，轨道交通的客源主要来自中低收入人群，而中低收入人群对票价变动比较敏感，低收入、高票价的组合对客流的吸引最为不利。当轨道交通票价支出占收入水平的比例较大时，选择轨道交通方式出行的客流量就会下降。

（7）服务水平

随着城市居民收入水平的提高，可选择的出行方式也逐渐增多。城市轨道交通服务的安全性、舒适性、经济性及便利性等多项指标也逐渐成为市民选择出行方式时考虑的因素。因此，城市轨道交通运营企业的服务水平已成为影响客流及潜在客运需求的关键因素。

（8）私人交通工具的拥有量

随着经济的增长和人们生活水平的提高，私人拥有交通工具的数量也在不断增加。在私人交通工具拥有量增长的初期阶段，轨道交通线路上的客流会出现一定程度的降低，但在增长到一定水平时，会造成城市内道路资源不够用，城市道路交通拥堵，导致大部分使用私人交通工具出行的客流转移到轨道交通上来，从而促使轨道交通线路的客流大幅度增长。

二、客流调查与统计

客流是动态变化着的，但客流在时间、空间上的动态变化又具有一定的规律，因此应在实践中了解它、掌握它，并根据客流的动态变化，及时配备与之相适应的运输能力，给乘客提供良好的服务。在轨道交通运营过程中，要掌握客流的动态变化规律，必须经常进行各种形式的客流调查。

客流调查工作包括：客流调查内容、地点和时间的确定，调查表格的设计，调查设备的选用和调查方式的选择，以及调查资料的汇总整理、指标计算与结果的分析。

1. 客流调查的种类

（1）全面客流调查

全面客流调查是指对全线客流的综合调查，通常还包括乘客情况抽样调查。这种客流调查时间长、工作量大，需要的调查人员较多。但通过调查及对调查资料进行整理、统计和分析，可对客流现状及出行规律有一个全面的了解。全面客流调查有随车调查和站点调查两种调查方式。随车调查是指在车门处对全天运营时间内的所有运行列车的上、下乘客进行调查；站点调查是指在车站进出站检票机处对全天运营时间内的所有车站的进站和出站的乘客进行调查。

（2）乘客情况抽样调查

乘客情况抽样调查一般采用问卷方式进行，调查内容主要包括乘客构成情况和乘客乘车情况两方面。

乘客构成情况调查一般在车站进行，调查的内容包括乘客的年龄、性别、职业及出行的目的等。该项调查一般选在客流比较正常的运营时段进行。

乘客乘车情况调查可在车站进行，也可在列车上进行，调查的内容包括乘客日均乘车次数、到达车站的方式和所需的时间、下车后到达目的地的方式和所需的时间、乘坐轨道交通出行后节约的时间及对票价的认同度等。

进行抽样调查时，必须首先确定抽样方法与抽样数，以确保抽样调查的结果具有实用意义。抽样方法主要有简单随机抽样、分层抽样、整群抽样、多阶段抽样等。抽样调查样本数的大小取决于总体的大小、总体的异质性程度及调查的精度要求。

（3）断面客流调查

断面客流调查是一种经常性的客流抽样调查，根据需要，可选择一个或几个断面进行调查。调查人员一般对最大客流断面进行调查，并采用直接观察法调查车辆内的乘客人数。

（4）节假日客流调查

节假日客流调查是一种专题性客流调查，重点是对春节、元旦、国庆节和若干民间节日期间的客流进行调查。调查的内容包括机关、学校、企业等单位的休假安排，城市旅游业、娱乐业的发展程度，市民生活方式的变化等。该调查一般采用问卷方式进行。

（5）突发性客流调查

突发性客流调查主要针对影剧院、体育场馆等客流快速集散的站点进行专项的客流调查。该项调查主要涉及影剧院、体育场馆的规模对附近轨道交通车站的客流影响程度、持续时间之间的相关关系。

2．客流调查的统计指标

客流调查结束后，应对客流调查资料进行认真汇总整理，列成表格或绘制成图表，并计算各项指标。计算的主要指标如下。

（1）乘客人数

乘客人数指标包括：各站全日分时上、下车人数；换乘站全日分时换乘人数；各站高峰小时乘客人数；各线全日分时乘客人数等。

（2）断面客流量

断面客流量指标包括：分时与全日各断面客流量；分时与全日最大断面客流量；高峰小时最大断面客流量。

（3）乘客构成情况

乘客构成情况指标包括：按年龄、性别、职业、出行目的等统计的乘客人数及所占百分比。

（4）乘客乘车情况

乘客乘车情况指标包括：到达轨道交通车站的不同交通方式的统计及所占百分比；离开轨道交通后到达目的地所选的不同交通方式的统计及所占百分比；乘坐轨道交通所节省的时间等。

拓展模块

1．客流预测

客流预测是城市轨道交通建设的一个重要环节，是各项设计工作的基础，预测结果的可靠与否直接关系到城市轨道交通的建设投资、运营效率和经济效益。根据客流预测期间的长短，客流预测可分为短期（1~5年）、中期（6~10年）和长期（10年以上）。

客流预测是以现行运输统计制度提供的基础资料为依据，辅以对城市、港口、车站等处的调查，并在此基础上通过科学的方法来推算未来的客流量。

在城市轨道交通系统规划与设计的不同阶段，需要开展三次需求分析与预测工作，各阶段的工作重点不同。

城市轨道交通网络规划阶段：主要进行全网客流估算，重点分析线网总体规模和各线路的需要规模量级。

线路建设项目可行性研究阶段：根据线路具体情况，研究提出线路各运营期限的客流预测结果，重点确定与相关工程建设规模有关的预测结果。

线路建设项目总体设计阶段：研究各站点客流详细规划，重点分析车站内部功能布局和整体规模。

2. 抽样调查

抽样调查是根据部分实际调查结果来推断总体标志总量的一种统计调查方法，属于非全面调查的范畴。它是按照科学的原理和计算，从若干单位组成的事物总体中，抽取部分样本单位来进行调查、观察，用所得到的调查标志的数据来代表总体和推断总体。

之所以可用抽样调查数据来代表和推算总体，主要是因为抽样调查本身具有其他非全面调查所不具备的如下特点。

① 调查样本是按随机原则抽取的，在总体中每个单位被抽取的机会是均等的，因此，能够保证被抽中的单位在总体中的均匀分布，不至于出现倾向性误差，代表性较强。

② 是以抽取的全部样本单位作为一个"代表团"，用整个"代表团"来代表总体，而不是用随意挑选的个别单位代表总体。

③ 所抽选的调查样本数量，是根据调查误差的要求和科学的计算确定的，因此在调查样本的数量上有可靠的保证。

④ 抽样调查的误差，是在调查前根据调查样本数量和总体中各单位之间的差异程度进行计算得出的，并被控制在允许范围以内，因此调查结果的准确程度较高。

基于以上特点，抽样调查被公认为是非全面调查方法中用来推算和代表总体的最完善、最有科学依据的调查方法。

3. 调查问卷设计

调查问卷又称调查表或询问表，是以问题的形式系统地记载调查内容的一种印件。问卷可以是表格式、卡片式或簿记式。设计问卷，是询问调查的关键。完美的问卷必须具备两个功能，即能将问题传达给被问的人和使被问者乐于回答。要使问卷具备这两个功能，在设计问卷时应当遵循一定的原则和程序，运用一定的技巧。

调查问卷设计的原则如下。

① 有明确的主题。根据主题，从实际出发拟题，问题目的明确，重点突出，没有可有可无的问题。

② 结构合理、逻辑性强。问题的排列应有一定的逻辑顺序，符合应答者的思维程序。一般是先易后难、先简后繁、先具体后抽象。

③ 通俗易懂。问卷应使应答者一目了然，并愿意如实回答。问卷中的语气要亲切，符合应答者的理解能力和认识能力，避免使用专业术语。对敏感性问题采取一定的技巧调查，使问卷具有合理性和可答性，避免主观性和暗示性，以免答案失真。

④ 控制问卷的长度。回答问卷的时间一般控制在 20 分钟左右，在问卷中应做到既不浪费一个问句，也不遗漏一个问句。

⑤ 便于资料的校验、整理和统计。

实训模块

[实训任务]分小组到某地铁车站进行乘客情况调查。

[实训目的]掌握乘客情况调查的方法。

[实训要求]分小组设计调查问卷表，并统计和计算相应指标。

[实训环境]地铁车站及本班教室。

[实训指导]指导学生进行问卷调查。

[实训考评]问卷设计质量，数据统计及指标计算的准确性。

课后思考

1. 客流调查的种类有哪些？
2. 客流调查的统计指标有哪几个？

任务二　车站客流特征分析

学习目标

1. 分析车站客流时间分布特征；
2. 分析车站客流空间分布特征。

学习任务

学习车站客流特征分析的方法，能够分析某一车站的客流时间分布特征及空间分布特征。

教学环境

多媒体教室。

理论模块

在城市轨道交通的运营实践中，客流特征分析的对象既可以是实际客流，也可以是预测客流。对实际客流特征进行分析是为了掌握车站的客流现状及最近一段时间的变化规律（客流最近一段时间的变化规律及乘客特点），以便于及时采取有效的客流组织方法与之对应；对预测客流特征进行分析，有助于经济、合理地进行线网规划、运力安排与设备配置，这对车站的日常客流组织与行车组织具有重要意义。

一、车站客流时间分布特征

根据单位时间的选择不同，客流时间分布特征有一日内小时客流分布特征、高峰小时客流分布特征、一周内全日客流分布特征及一年内各月（季）客流分布特征。

1. 一日内小时客流分布特征

城市轨道交通的运能、线路走向所处交通走廊的特点及车站所处区位的用地性质，是影响城市轨道交通车站客流在全天不同时间上分布的主要因素。纵观城市轨道交通的不同类型车站，可归纳出以下 5 种车站客流日分布曲线类型。

（1）单向峰型

城市轨道交通线路所处的交通走廊具有明显的潮汐特征或车站周边地区功能性质单一时，车站客流分布集中，有早晚错开的一个上车高峰和一个下车高峰，如图 3-1（a）所示。

（2）双向峰型

车站位于综合功能用地区位时，客流分布与其他交通方式的客流分布一致，有两个配对的早晚上、下车高峰，如图 3-1（b）所示。

（3）全峰型

城市轨道交通线路用于已高度开发的交通走廊或车站位于公共建筑和公用设施高度集中的 CBD 地区时，客流分布无明显的低谷，双向上、下客流全天都很大，如图 3-1（c）所示。

（4）突峰型

车站位于体育场、影剧院的大型公用设施附近，演出节目或比赛结束时，有一个持续时间突变的上车高峰；过一段时间后，其他部分车站可能有一个突变的下车高峰，如图 3-1（d）所示。

（5）无峰型

当城市轨道交通本身运能比较小或车站位于用地还没有完全开发的地区时，客流无明显的上、下车高峰，双向上、下车客流全天都较小，如图 3-1（e）所示。

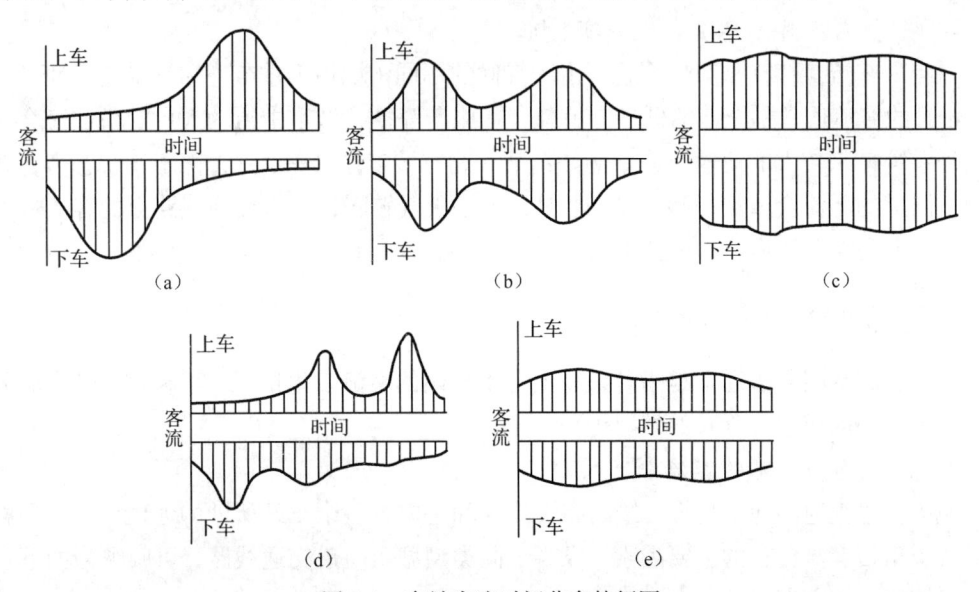

图 3-1 车站客流时间分布特征图

在一日内小时客流不均衡程度较大的情况下，为实现运营组织的经济、合理，可考虑采用小编组、高密度列车开行方案。

2. 高峰小时客流分布特征

高峰小时客流是确定车站设备容量或能力的基本依据。对车站高峰小时客流进行特征分析时，首先应确定进、出站高峰小时客流的出现时间，其次分析客流量的大小。此外，还应分析客流的发展趋势，随着轨道交通线路新线的投入运营，既有轨道交通线路得到延伸，高峰小时进、出站客流也将发生较大的变化。研究表明：轨道交通车站高峰小时客流具有以下特征。

① 车站的进、出站高峰小时客流出现的时间与断面客流的高峰小时出现时间有时会不同。

② 各个车站的进、出站高峰小时客流出现的时间通常不相同。

③ 同一车站的进、出站高峰小时客流出现的时间通常相同。

④ 工作日车站进、出站高峰小时客流通常大于双休日高峰小时进、出站客流。

3. 一周内全日客流分布特征

由于人们的工作与休息是以周为循环周期进行的，星期日（双休日）大多数人休息在家，这种活动规律性必然要反映到一周内各日客流的变化上来。在双休日，在以通勤、通学客流为主的轨道交通线路上，客流量有所减少；而在连接商业网点、旅游景点的交通线路上，客流量会有所增加。因此全日客流量在一周之内呈规律性变化。

另外，星期日与节假日后早高峰小时客流量和星期五与节假日前的晚高峰小时客流量，都会比一周内其他工作日早、晚高峰小时客流量要大。

根据全日客流在一周内分布的不均衡性和规律性，从运营经济性方面考虑，轨道交通系统常在一周内实行不同的全日行车计划和列车运行图。

4. 一年内各月（季）客流分布特征

一年内客流量存在季节性变化，由于气候的不同（如梅雨季节）和学生复习迎考等原因，6月的客流通常是全年的低谷。另外，在旅游旺季，城市中流动人口的增加又会给轨道交通系统带来较大的运输压力。例如：某一北方城市在1—2月，由于气候恶劣，轨道交通线路上的客流会增加；到了3—4月，由于天气转暖，轨道交通线路上的客流也会随之减少；但在7月之后，客流明显开始走高，并且这一现象一直持续到年底。

二、车站客流空间分布特征

车站客流空间分布通常是指各条线上各个车站的客流发生情况、车站内乘降客流分布及车站内不同区域客流分布的情况等。

1. 沿线各个车站的客流分布特征

城市轨道交通的建设规模、线路布设形式和走向及各个车站所处的地理位置，是影响沿线各个车站客流分布的主要因素。纵观不同类型城市轨道交通线路，可归纳为如下4种沿线各站的客流分布特征。

（1）均等型

当城市轨道交通线路呈环线布置或沿线用地已高度开发成熟时，各车站的上、下客流接近相等，即沿线客流基本一致，不存在某个车站客流明显突增的情况。

（2）两端萎缩型

当城市轨道交通线路的两端伸入还没有完全开发的城市边缘地区或郊区时，线路两端路段的车站客流小于中间路段车站的客流。

（3）中间突增型

当城市轨道交通线路途经大型的对外交通枢纽、高密度开发地区或者车站利用常规公交线路辐射吸引范围广阔时，位于该区位上的车站上、下车客流明显偏大，线路客流存在某个站或某几个车站客流突增的情况。

（4）逐渐缩小型

城市轨道交通线路首（末）车站位于大型对外交通枢纽附近或城市中心CBD地区时，随着线路向外延伸，线路上各站的客流逐渐缩小。

2. 车站内乘降客流及不同区域客流分布特征

轨道交通车站的乘降人数不均衡，甚至相差悬殊的情况并不少见。新的居民区形成，新的轨道交通线路建成通车，既有轨道交通线路延伸，使一些车站由中间站变为换乘站或由终点站变为中间站，以及列车共线运营等都会使车站的乘降量发生较大的变化和加剧不均衡或带来新的不均衡。

车站内客流在空间分布上也存在不均衡现象，包括不同出入口的进出客流不均衡、站厅不同区域的TVM前的购票客流不均衡、不同检票机的进出客流不均衡等。经过分析认为，发生这种情况的原因是出入口外对应的商业环境及检票机与售票设备之间距离的长短不同。

实训模块

[实训任务]分析某地铁车站一天内小时客流分布特征及车站内不同区域的客流分布特征。

[实训目的]掌握车站客流分布特征。

[实训要求]分小组进行分析总结，画出相应的分布特征图。

[实训环境]地铁车站及本班教室。

[实训考评]分布特征的总结语言流畅，特点鲜明，分布特征图有一定的代表性。

课后思考

1. 客流调查的种类有哪些？
2. 分析造成车站内空间客流分布不均衡的原因，请举例说明。

项目四　城市轨道交通车站客流组织

项目描述

城市轨道交通车站客流组织是站务人员工作的重要组成部分。在本项目中，学生可通过熟悉乘客流动的线路来掌握日常客流组织的内容及方法技巧，同时掌握进站、出站及换乘流线中的关键引导点及引导方法，从而能按作业标准有效地组织客流；通过对特殊客流的认识，学会如何有效地组织大客流及突发事件客流。

任务一　日常客流组织

学习目标

1. 掌握进出站及换乘乘客流线；
2. 分析进出站及不同换乘方式流线中的关键引导点；
3. 掌握进出站客流及不同换乘方式的换乘客流组织的引导方法。

学习任务

模拟车站进出站及换乘客流组织，掌握不同流线的关键引导点和引导标准。

教学环境

多媒体教室和客服实训教室。

理论模块

城市轨道交通车站客流组织工作的目的是保证客流运送的安全，保证客流运送过程的畅通，尽量缩短乘客出行的时间，避免拥挤，便于大客流发生时的及时疏散。

在进行客流组织时应重点考虑以下4个方面的要求。

① 合理安排售检票位置、出入口、步行楼梯等，使乘客流动路线简单、明确，尽量减少流线交叉、对流、迂回。

② 乘客换乘其他交通工具时能顺利连接，人流与车流的行驶路线严格分开，以保证行人的安全和车辆行驶不受干扰。

③ 完善诱导系统，快速分流，减少客流集聚，避免发生过度拥挤现象。

④ 满足换乘客流的方便性、安全性、舒适性等一些基本要求。例如，适宜的换乘步行距离、恶劣天气下的保护、气候调解、对残疾人专门设计无障碍通道；照明、开阔的视野及突发事件应急系统等。

一、流线及其分类

流线是指人或物流动的路线。城市轨道交通车站的流线主要指乘客流线。乘客流线按流动方向不同可分为进站、出站乘客流线和换乘乘客流线；按性质不同又可分为普通乘客流线和特殊乘客流线。

1. 进站乘客流线

进站乘客流线按照其流动过程来看，可分为以下两种主要类型。

（1）进入车站直接上车的乘客流线

这种乘客流线（见图4-1）主要包括绝大多数持储值票等直接通过闸机结算费用的乘客。这类乘客大部分为当地居民上班族，在上下班时间出现出行高峰。

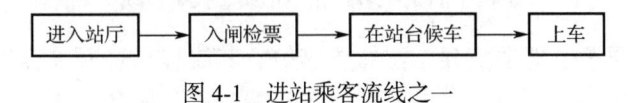

进入站厅 → 入闸检票 → 在站台候车 → 上车

图4-1　进站乘客流线之一

（2）进入车站购票上车的乘客流线

这种乘客流线（见图4-2）主要是不经常乘坐城市轨道出行的当地居民或从其他交通工具换乘过来的外地乘客，这类客流一般在节假日或周末时比较集中。

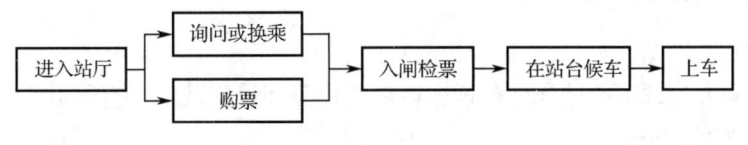

进入站厅 → 询问或换乘 / 购票 → 入闸检票 → 在站台候车 → 上车

图4-2　进站乘客流线之二

进站乘客流线中除了上述两种乘客流线外，还有流量较少的需要办理其他票务业务的乘客流线及小股流线。

2. 出站乘客流线

出站乘客流线（见图4-3）比进站乘客流线简单，主要是终到乘客形成的流线，乘客办理手续少，在车站停留时间短。

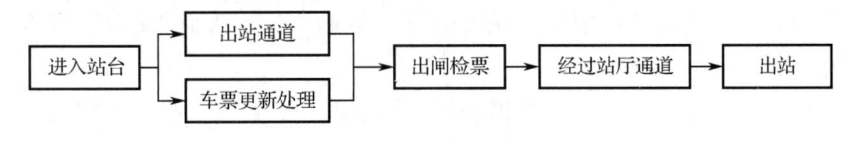

进入站台 → 出站通道 / 车票更新处理 → 出闸检票 → 经过站厅通道 → 出站

图4-3　出站乘客流线

其中，有少部分终到乘客在出站后需要办理其他票务业务。

3. 换乘乘客流线

在一些综合型枢纽站或城市轨道线路间换乘车站，存在大量的换乘乘客，他们的流动过程形成了换乘乘客流线（见图4-4）。

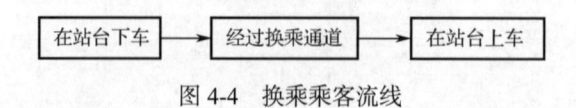

```
在站台下车 → 经过换乘通道 → 在站台上车
```

图 4-4　换乘乘客流线

普通乘客流线是人流中的主要流线，因为人数最多，因此应主要考虑通畅便利的问题。普通乘客进站、出站、换乘流线如图 4-5 所示。

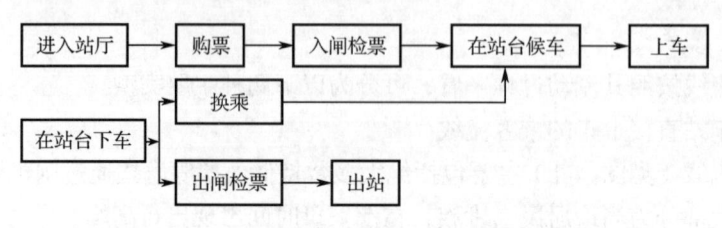

```
进入站厅 → 购票 → 入闸检票 → 在站台候车 → 上车
              ↗ 换乘 ↗
在站台下车 → 出闸检票 → 出站
```

图 4-5　普通乘客进站、出站、换乘流线

特殊乘客包括母婴、老弱病残、团体旅客等，其流程与普通乘客相同。但考虑到其特殊性，可开辟专用的检票口，并在相关位置设置相应的服务设施，以保证其优先、就近上车。

车站日常客流组织主要由进站客流组织、出站客流组织、换乘客流组织 3 个部分组成。

二、进出站客流组织

1．进站客流组织

按照进站乘客流线，通过合理布置客运相关设备和设施及对客流采取有效的分流或引导措施来组织乘客运送。

（1）进入站厅非付费区

通过进站导向标志或人工组织引导乘客经出入口、步行楼梯、自动扶梯（或垂直电梯），通过通道进入站厅非付费区。

（2）进入站厅付费区

① 通过购票导向标志或人工组织引导部分乘客在自动售票机、客服中心、临时售票亭购票后，通过进站闸机入闸检票后进入站厅付费区。

② 人工组织引导部分持储值票、城市交通一卡通、乘次票等的乘客，直接通过进站闸机入闸检票后进入站厅付费区。

③ 人工组织引导部分需充值、处理问题车票的乘客到客服中心处理车票后，通过进站闸机入闸检票后进入站厅付费区。

（3）进入站台

通过乘车方向标志或人工组织引导乘客通过步行楼梯、自动扶梯（或垂直电梯）进入站台候车。

（4）组织候车、上车

① 乘客到达站台后，可通过方向导向标志或乘客咨询系统选择乘车方向和了解列车到发时刻，人工组织引导乘客站在黄线内候车。

② 列车到站且停稳开门后，人工组织引导乘客按先下后上的顺序乘车。

2. 出站客流组织

按照出站乘客流线，通过合理布置客运相关设备和设施及对客流采取有效的分流或引导措施来组织客流运送。

（1）到达站台

列车到站且停稳开门后，人工组织引导乘客按先下后上的顺序下车，到达车站站台。

（2）进入站厅付费区

通过出站导向标志或人工组织引导乘客经步行楼梯、自动扶梯（或垂直电梯），进入站厅付费区。

（3）进入站厅非付费区

① 人工组织引导部分持单程票的乘客，通过出站闸机出闸检票、回收车票后进入站厅非付费区。

② 人工组织引导部分持储值票、城市交通一卡通、乘次票等的乘客，通过出站闸机出闸检票、扣除车费或乘次后进入站厅非付费区。

③ 人工组织引导部分需补票、处理问题车票的乘客到客服中心补票或处理车票后，通过出站闸机出闸检票，回收车票或扣费后进入站厅非付费区。

（4）引导出站

通过出站导向标志、出入口导向标志或人工组织引导乘客经通道、步行楼梯、自动扶梯（或垂直电梯）、出入口出站。

三、换乘客流组织

由于换乘站的客流比较大，客流流线较复杂，因此客流组织相对于其他车站较为复杂。在换乘站，乘客的换乘方式不同，所以在客流组织管理上应采用不同的方法，其总原则是组织好换乘客流，缩短换乘路径，减少换乘客流与进出站客流的交叉、干扰。

1. 换乘地点

根据换乘地点的不同，乘客可以在付费区实现换乘，也可以在非付费区实现换乘。

（1）付费区换乘

乘客到达换乘站下车后，不需要通过出站闸机，直接在付费区内根据换乘导向标志或人工引导到达另一条线路的站台乘车。

（2）非付费区换乘

乘客到达换乘站下车后，根据换乘导向标志或人工引导到达站厅付费区，然后通过出站闸机进入非付费区或出站，之后通过另一条线路重新进入付费区或进站进行换乘。

2. 换乘方式及客流组织方法

根据乘客换乘的客流组织方式，可将车站换乘方式分为站内换乘（站台直接换乘、站厅换乘、通道换乘）、站外换乘和组合式换乘，如图4-6所示。

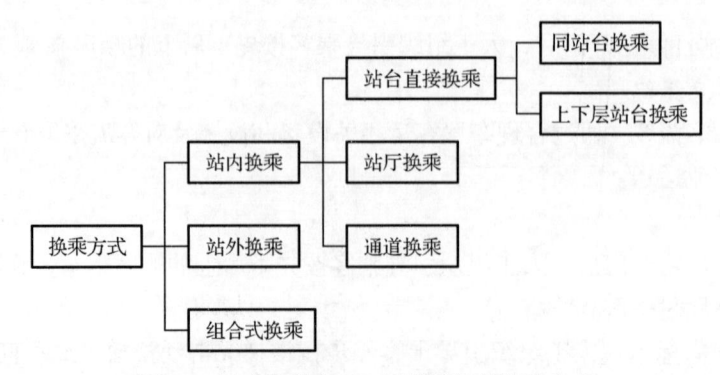

图 4-6　城市轨道交通不同线路间的换乘方式

（1）站台直接换乘

站台直接换乘方式包括同站台换乘和上下层站台换乘。

① 同站台换乘。同站台换乘是指两条不同线路的站线分设在同一站台的两侧，乘客可在同一站台由 A 线换乘到 B 线。这种换乘方式适用于两条平行交织的线路，为方便客流组织宜采用岛式站台设计，要求站台能够满足换乘高峰客流量的要求，乘客无须换乘行走，换乘时间最短，但换乘方向受限。该换乘方式的车站可以为双岛式站台，如图 4-7 所示；也可以为岛侧式站台，如图 4-8 所示。

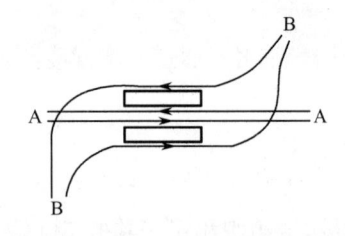

图 4-7　同站同平面双岛式换乘站 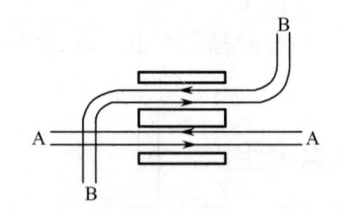　　　图 4-8　同站同平面岛侧式换乘站

双线双岛式站台能满足同站台两条线两个方向的换乘。双线岛侧式站台仅提供两条线一个方向的换乘。在这两种布置形式下，其他换乘方向的乘客需要通过站厅或自动扶梯、步行楼梯进行换乘。

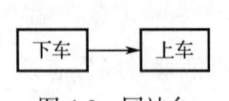

图 4-9　同站台直接换乘乘客流线

同站台直接换乘乘客流线如图 4-9 所示。此种换乘方式较为简便，乘客可根据站台上工作人员的引导或者站台的导向标志在同一站台的另一侧等候上车，例如深圳地铁老街站采用的就是同站台换乘方式。

② 上下层站台换乘。上下层站台换乘是指乘客由车站的一个站台通过步行楼梯或自动扶梯到另一个站台直接换乘。这种换乘方式要求换乘楼梯或自动扶梯足够宽，以免发生乘客聚集和拥挤。

根据地铁线路交叉的情况及两个站台的相对位置，可形成站台与站台的十字换乘（见图 4-10）、T 形换乘、L 形换乘和平行换乘的模式（见图 4-11）。

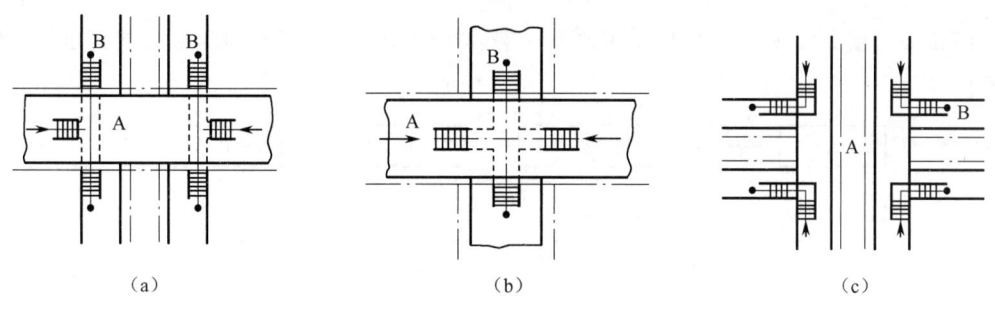

项目四　城市轨道交通车站客流组织

（a）　　　　　　　　　　　（b）　　　　　　　　　　　（c）

图 4-10　城市轨道交通车站十字换乘模式

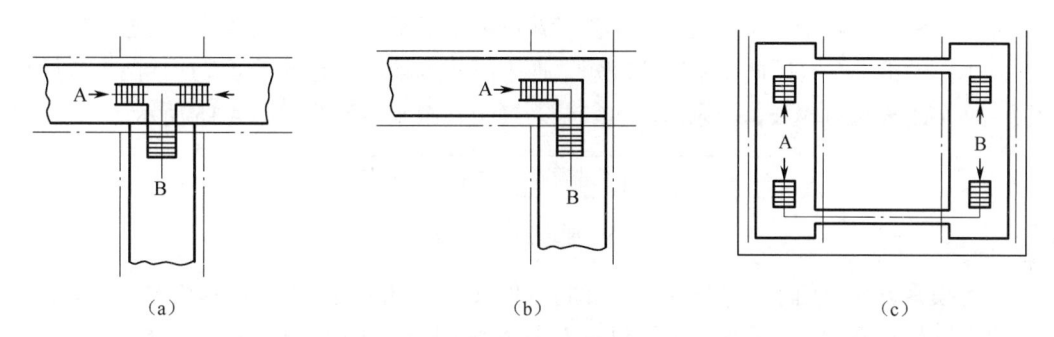

（a）　　　　　　　　　　　（b）　　　　　　　　　　　（c）

图 4-11　城市轨道交通车站 T 形、L 形、平行换乘模式

上下层站台换乘乘客流线如图 4-12 所示。此种换乘方式是城市轨道交通车站目前较为普遍的换乘方式。在这种换乘方式下，乘客可根据站台上导向标志及站台工作人员的引导，选择相应的自动扶（楼）梯到达需要换乘的线路站台。采用这种换乘方式易造成换乘的乘客随出站的乘客一起乘坐自动扶梯到达站厅，从而使换乘的乘客不能顺利完成换乘。

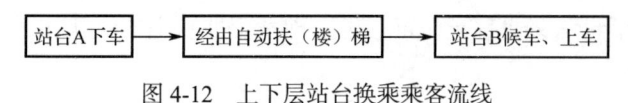

站台A下车 → 经由自动扶（楼）梯 → 站台B候车、上车

图 4-12　上下层站台换乘乘客流线

（2）站厅换乘

站厅换乘是指乘客由一条线的站台通过步行楼梯或自动扶梯到达另一条线的站厅或两线共用的站厅，再由这一站厅通到另一条线站台的换乘方式。采用这种换乘方式，可使下车客流朝一个方向流动，从而减少站台上人流的交织，加快乘客行进速度。

两条线共用站厅付费区换乘乘客流线如图 4-13 所示。在该换乘方式下，共用站厅付费区的导向标志及人工引导极为重要。

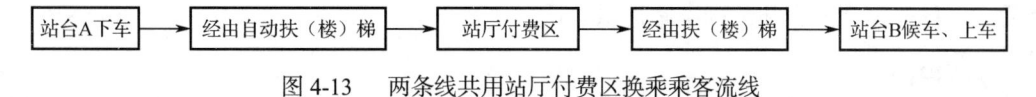

站台A下车 → 经由自动扶（楼）梯 → 站厅付费区 → 经由扶（楼）梯 → 站台B候车、上车

图 4-13　两条线共用站厅付费区换乘乘客流线

两条线不共用站厅的换乘乘客流线如图 4-14 所示。在两条线不共用站厅的换乘方式下，两条线的站厅付费区均设置较明显的换乘导向标志，并配备工作人员进行换乘引导。例如，深圳地铁布吉站为地铁 3 号线和 5 号线的换乘站，其中，3 号线站厅在高架一层、

站台在高架二层，而5号线的站厅在地下一层、站台在地下二层，因此换乘乘客走行的距离较长。

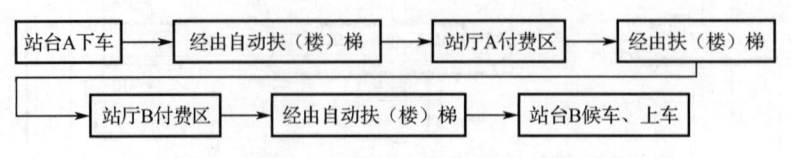

站台A下车 → 经由自动扶（楼）梯 → 站厅A付费区 → 经由扶（楼）梯 → 站厅B付费区 → 经由自动扶（楼）梯 → 站台B候车、上车

图4-14　两条线不共用站厅的换乘乘客流线

（3）通道换乘

通道换乘是指两个车站通过设置单独专用的换乘通道为乘客提供换乘。通道可以直接连接两个车站的站台，因此换乘距离较短，换乘时间也较短。通道还可以连接两个站厅付费区，换乘距离相对较长，换乘时间也较长。通道换乘乘客流线如图4-15所示。

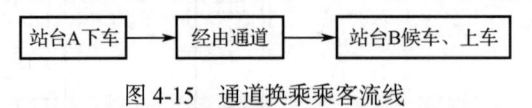

站台A下车 → 经由通道 → 站台B候车、上车

图4-15　通道换乘乘客流线

这种换乘方式适用于两个车站靠得较近，但又无法建造同一个车站的情况，因此，它虽然没有同站换乘方便、直接，但因设有专用通道也能给乘客提供明显的换乘方向。通道换乘设计应注意上下行客流的组织，更应避免双方向的换乘客流与进出站客流出现交叉。

（4）站外换乘

站外换乘是指乘客在车站付费区以外进行换乘，实际上是没有专用换乘设施的换乘方式，一般是无线网规划留下的"后遗症"，通常不予推荐。在这种换乘方式下，由于乘客需增加一次进、出站手续，再加上在站外与其他人流交织时间和步行的距离都较长，因而十分不方便。对城市轨道交通自身而言，是一种系统性缺陷的反映。因此，应尽量避免采用站外换乘方式。

（5）组合式换乘

由上述两种以上换乘方式组合而成的一种换乘方式，称为组合式换乘。在实践中往往采用这种换乘方式，以便于各换乘方向的乘客均能实现换乘。

例如：同站台换乘方式辅以站厅换乘方式或通道换乘方式，使所有的换乘方向都能换乘；上下层站台换乘方式在岛式站台中，必须辅以站厅换乘方式或通道换乘方式，才能提高换乘能力；站厅换乘方式辅以通道换乘方式，可以减少预留工程量等。上述组合换乘方式都是从功能上考虑的，因为城市轨道交通不但要有足够的换乘通过能力，还要有较大的灵活性，目的是为乘客和工程实施提供方便。

案例模块

1. 某地铁车站日常进站、出站客流组织措施

（1）车站客流特点及周边环境

某地铁车站位于××路，毗邻某火车站，附近有小区及商业广场。在平时，车站主要客流由上下班人员及乘坐火车的旅客组成，具有早高峰时进站客流集中、晚高峰时出站客

流集中的特点,并且节假日时高峰客流较明显。

(2)车站 AFC 设备数量及位置设置

车站有 2 个客服中心,分布在站厅 A、B 两端,共装有 2 台 BOM,主要用于办理车票的分析、赋值、异常处理等业务。

车站共有 2 组 TVM(共 6 台),分布于站厅 A 端、B 端。

车站共有 6 台进站闸机,8 台出站闸机,1 台双向闸机,详细内容如表 4-1 所示。

表 4-1 车站闸机分布

出入口	C 口	D 口
进站闸机数量	3	3
出站闸机数量	4	4
双向闸机数量	0	1
合计	7	8

(3)车站日常人员岗位设置及工作职责如表 4-2 所示。

表 4-2 车站日常人员岗位设置及工作职责

序号	岗 位	人数	上班时间	下班时间	职 责
1	A1/A2	5	08:00/19:00	19:30/09:00	负责车站整体工作
2	C1/C2	4	08:00/19:00	19:30/08:30	负责完成行车工作,监视闭路电视监控系统
3	B1/B2	4	08:30/19:30	20:00/09:00	负责当班票务工作
4	D1/D3	12	06:40/14:30	15:00/22:30	兑零、乘客事务处理等业务操作
5	D2/D4		07:00/14:30	15:30/22:30	兑零、乘客事务处理等业务操作
6	E1/E2		07:00/14:30	14:30/22:20	引导乘客进出站,引导车票有问题的乘客到客服中心处理,巡视车站
7	G		10:00	19:00	顶客服中心工作人员岗,轮流吃饭;协助客运值班员收票、换钱箱
8	F1/F2		06:50/14:30	14:50/22:20	负责监控下行站台乘客动态,组织好乘客上下车

注:表中 A1 为白班值班站长,A2 为夜班值班站长;C1 为白班行车值班员,C2 为夜班行车值班员;B1 为白班客运值班员,B2 为夜班客运值班员;D1、D2 为早班售票岗站务员,D3、D4 为中班售票岗站务员;E1 为早班厅巡岗站务员,E2 为中班厅巡岗站务员;F1 为早班站台岗站务员,F2 为中班站台岗站务员;G 为顶岗。本站以轮班制来排班,值班站长和值班员为四班两运转制,站务员为三班两运转制,在满足轮班基本要求下,车站可根据情况增加定员。

2. 日常客流组织

① 因为车站乘客大多使用储值票,对出站闸机的使用已熟悉,但从 C 口出站的大部分乘客多使用单程票,并且对出站闸机的使用不熟悉,所以车站均在 C 口安排厅巡岗站务员。另外,售票岗站务员在客服中心外没有人时兼做厅巡。

② 因为车站距离某火车站较近,进出站的大多数乘客携带的行李都较大,所以站台 A、B 端电梯成为站台关键点。目前车站安排站台在乘客携带大件行李时提醒乘客乘坐升降电梯,同时安排厅巡岗站务员在乘客集中出站时进行值守。

③ 日常情况下某地铁站客流组织图如图 4-16 和图 4-17 所示。

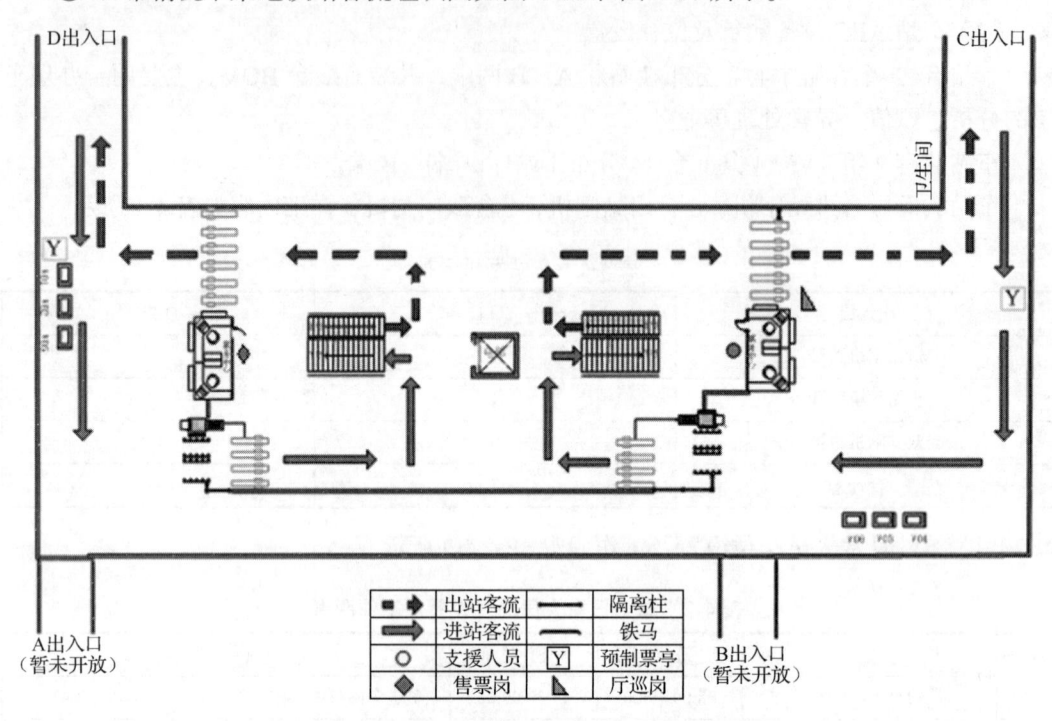

图 4-16　某地铁站日常情况站厅客流组织图

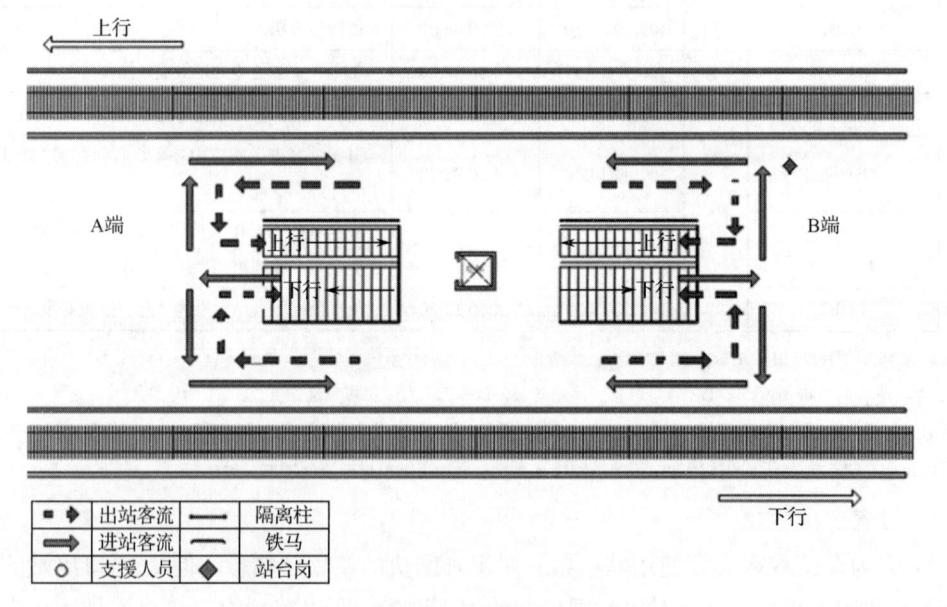

图 4-17　某地铁站日常情况站台客流组织图

3. 高峰时段及周末客流组织

车站日常高峰时段集中在乘客上下班时段。在高峰时段，值班站长及客运值班员应在车站加强巡视，并对乘客进行引导，如果需要加强售票能力，车站可及时将顶岗班组织售票。客流组织方式：站厅增加两个临时售票亭售卖预制票；站台增加一人专门引导乘客上下列车和自动扶梯的安全；必要时增设临时导向标志和隔离设施，组织乘客进、出分流。

实训模块

[实训任务]模拟进出站及换乘客流组织引导。

[实训目的]掌握进出站及上下层站台客流组织关键引导点的引导方法。

[实训要求]实训过程中能运用标准服务用语。

[实训环境]客服实训教室。

[实训指导]指导学生按流程引导。

[实训考评]行为举止、语言规范。

课后思考

1. 日常客流组织由哪几部分组成？
2. 参观所在城市不同的两个车站，分析所参观的两个车站在日常进出站客流组织方法方面有什么不同。

任务二　特殊客流组织

学习目标

1. 掌握大客流的概念、分类及影响因素；
2. 掌握大客流组织原则和措施；
3. 掌握突发事件客流组织措施。

学习任务

模拟车站大客流组织，掌握三级客流控制方法。

教学环境

客服演练教室。

理论模块

在正常情况下，车站的客流量是有一定变化规律的。但当车站附近举行大型活动或突发公共安全事件、自然灾害等特殊情况时，车站客流就会出现不规律性变化，此时产生的客流组织称为特殊客流组织，包括大客流组织和突发事件客流组织。

一、大客流组织

大客流往往在节假日旅游高峰期，举办重大活动（大型体育赛事、音乐会等），风、雨、雪恶劣天气等情况下发生。其主要表现为：非常拥挤或极度拥挤、乘客流动速度明显减缓、客流交叉干扰严重等。虽然大客流持续时间不长，但在大客流的冲击下，将对乘客的出行造成不利影响,对客流组织形成较大甚至很大的压力,对运营安全造成较大威胁。基于此,大客流组织旨在保证疏散客流安全的前提下,尽快地疏散客流,突出"安全、顺畅"主线。

1. 大客流的定义及分类

大客流是指车站在某一时段集中到达的、客流量超过车站正常客运设施或客运组织措施所能承担的客流量时的客流。

(1)根据大客流产生的影响程度和后果不同进行划分

根据大客流产生的影响程度和后果不同,可分为一级大客流和二级大客流。

① 一级大客流的判定标准:各车站根据本站的正常乘客数量进行比较,站台聚集人数达到或大于站台有效区域的80%,并且持续时间大于实际行车间隔时间。这种情况会给乘客及轨道运营安全造成影响,存在明显的安全隐患。

② 二级大客流的判定标准:各车站根据本站的正常乘客数量进行比较,站台聚集人数达到或大于站台有效区域的70%,并有持续上升的趋势。在这种情况下,乘客的正常出行和轨道交通所提供的服务水平受到一定程度的影响,车站比较拥挤,乘客感觉比较压抑,但尚未对乘客及轨道运营安全造成影响。

(2)根据大客流的产生是否可预见进行划分

根据大客流的产生是否可预见,可分为可预见性大客流和不可预见性大客流。

① 可预见性大客流是指大客流发生的时间、增加的客流量可通过历年的客流统计资料或者通过新闻等媒体信息进行提前预测的大客流,如节假日大客流、暑期大客流或大型活动大客流。

② 不可预见性大客流也称突发性大客流,是指大客流发生的时间及增加的客流量是无法预见的,如天气的突然变化发生的大客流、民间自发的聚集活动发生的大客流等。

除了以上几种不同的分类方法,大客流还可以根据流动方向的不同分为进站大客流、出站大客流及换乘大客流,还可根据大客流影响地域范围的不同分为站台大客流、全线大客流和线网大客流。

2. 大客流组织的主要措施

(1)增大列车运能

列车的运能是大客流组织的关键。根据大客流的方向,可在大客流发生时,利用就近的折返站(改变列车的运行交路)、存车线组织列车运行方案,实施增开临时列车的办法,增加列车运能,来保证大客流的疏散。

(2)增大售检票能力

售检票能力是大客流疏散的主要障碍,车站应事先做好疏散大客流的票务服务准备工作,并且在设置售检票设备位置时应提供疏散大客流的通道。

① 售检票设备的准备:在大客流发生前,车站设备维修人员应事先对全部售检票设备进行维护、检修,以确保在大客流时售检票设备能正常使用。

② 车票、零钞及售检票人员的准备:在大客流发生前,车站应根据客流预测和以往

大客流所消耗的车票和零钞数，向票务部门申领和准备足够的车票（如预制票、纸票）、零钞及售检票人员。

③ 临时售票亭的准备：车站应根据大客流的进出方向，选择在进站客流较集中的地面、通道、站厅或某个集中进站乘客较多的出入口外增设临时售票亭。

（3）充分准备客运设备和设施

在进行大客流疏散时，车站可事先做好疏散大客流的相关客运服务设备和设施的准备工作。

① 自动扶梯和垂直电梯的准备：在大客流发生前，车站应事先通知厂商对车站全部自动扶梯和垂直电梯进行维护、检修。重点检查自动扶梯的毛刷、梳齿板和扶手带，以确保在大客流三级控制时，自动扶梯能正常开启转换。

② 临时导向标志和隔离设备的准备：在大客流发生前，车站应储备一些临时导向标志、告示和铁马、伸缩铁围栏、隔离带等隔离设备，并根据大客流的进出方向和客流组织的要求，选择适当的位置张贴和摆放临时导向标志、告示和铁马、伸缩铁围栏、隔离带等来有序地引导客流。如图4-18所示为用于临时隔离的铁马。

图4-18 铁马

③ 其他客运服务设备和设施的准备：在大客流发生前，车站还应准备人工语音广播和语音合成广播词、乘客咨询系统发布信息及急救药品、担架等，并根据车站工作人员的情况，相应增加手提广播、对讲机等客运设备。

（4）采取临时疏导措施

在大客流组织中，临时合理的疏导，对客流方向进行引导、逐步限制是一项很重要的组织措施，主要包括出入口、站厅的疏导，站台自动扶梯及站台的疏导。

① 出入口、站厅的疏导：合理设置临时售检票设备的位置可引导、限制客流流动的方向。临时售检票设备宜设置在站外或站厅较空旷的位置，可为排队购票的乘客留出充分的空间，确保通道的畅通，维护出入口、站厅客流的秩序。

② 站台自动扶梯及站台的疏导：为了尽量保证客流均匀、安全地上下自动扶梯和尽

快上下列车，并均匀进入车厢，保证站台候车乘客的安全，站务人员应在靠近步行楼梯、自动扶梯处站岗并分散在站台前部、中部、后部疏导乘客。采取的疏导措施主要有：设置临时向导标志（如临时导向牌、告示）、设置警戒绳或隔离带、采用人工引导及通过广播宣传引导等。

（5）采取三级客流控制

大客流往往是难以预测的，因此为了保证大客流发生时疏散客流的安全，在难以采用有效措施及时疏散客流时，为避免人潮拥挤、混乱失控场面的发生，可采用三级客流控制及关闭出入口或对某部分出入口限制乘客进入车站的措施来阻止一部分客流或延长大客流疏散的时间。

为了保证大客流发生时能安全疏散客流，应遵循三级客流控制的原则和方法，根据各车站具体情况建立切实可行的大客流控制预案，合理安排各岗位和地点工作人员的具体工作，迅速缓解车站压力，避免意外发生。

① 三级客流控制的原则。

第一是坚持由下至上、由内到外的客流控制原则：在车站的 3 个区域控制客流，即车站应在出入口、车站入闸机、站厅与站台的步行楼梯（自动扶梯）口 3 处对进站客流进行重点控制，组织乘客上车，尽量保证客流均匀、安全地上下自动扶梯和尽快上下列车，保证站台候车的安全。

第二是坚持分工明确、点控和线控相结合原则：控制指挥中心负责地铁全线的客流控制，车站站长或值班站长负责本站客流控制，根据各站客运能力控制进站客流，组织乘客上车。

第三是坚持集中领导、统一指挥的原则：车站在实施大客流控制之前，必须向行车调度报告。

② 三级客流控制的方法。

第一级为控制站台客流，控制点在站厅与站台的步行楼梯（或自动扶梯）口处。车站应将站厅与站台之间的向下方向自动扶梯改为向上方向，避免客流交叉，还可在向下方向的自动扶梯前摆放隔离带（如图 4-19 所示为伸缩隔离带），分批放行乘客进入站台，放缓乘客进入站台的速度。同时，站务人员应分散在站台的各部位维持候车、出站乘客的秩序，协助驾驶员开关车门，确保乘客安全上下车。

图 4-19　伸缩隔离带

第二级为控制付费区客流，控制点在进站闸机处。车站可根据实际情况关停部分自动售票机、进站闸机或将部分双向闸机设为只出不进，紧急情况下可以采用隔离带、铁马隔离进站闸机，以减缓乘客进入付费区的速度，防止付费区客流压力过大。

第三级为控制非付费区客流，控制点在车站出入口处。车站可在站外设置迂回的限流隔离栏杆，延长进站时间，人为控制出入口乘客的进站速度，必要时可关闭部分出入口，最大限度地缓解车站内客流压力。

3. 大客流组织程序

各城市轨道运营单位制定大客流的组织程序不尽相同，大致程序如下。

① 值班站长应及时报告给行车调度，行车调度通过监控系统加强对车站客流情况的监控。

② 车站应加强现场疏导工作，增加工作人员，利用隔离带、铁马做好秩序维护和服务的组织工作。

③ 车站应在适当位置增设临时售票亭，出售预制票，避免乘客在TVM前排长队购票的情况出现。

④ 车站应根据现场情况，利用告示、临时导向标志、车控室广播设备、手提广播，适时做好乘客的宣传、引导工作。

⑤ 车站行车值班员应通过监控系统，加强对现场情况的监控工作。

⑥ 车站应加强对出入口、站厅、站台客流的监控及疏导，避免站厅非付费区内人员过度拥挤或流通不畅。

⑦ 如果车站内客流过度拥挤，发生流通不畅时，车站应根据情况，在步行楼梯和自动扶梯、进站闸机、出入口等地点实行客流控制。具体措施如下：当站台发生拥挤时车站应采取一级客流控制，当车站客流接近瓶颈通过能力时（站台滞留乘客达站台中心线，站厅付费区乘客排至进站闸机处），车站应采取二级客流控制；当站厅及各售票点（含客服中心、TVM及各预制票亭）均排队过长，且出现乘客拥堵时，车站应采取三级客流控制或关闭部分出入口。

⑧ 为了保证大客流时乘客的安全，站务人员应密切注意站厅、站台和列车的情况，一旦发生列车上乘客拥挤、乘客上车有困难时，车站应立即向控制指挥中心请求加开列车；列车驾驶员发现有乘客上不了车或影响车门、站台门关闭时，应及时报告给行车调度，并通过广播引导乘客有序上车。

二、突发事件应急设备

突发事件是指在没有任何征兆的情况下，在城市轨道交通车站内、列车上或其他设备和设施内突然发生的危及人身安全的事件，如自然灾害（地震、洪水、台风等）、人为因素（火灾、爆炸、毒气袭击等）、设备因素（火灾、停电、列车运营故障等）。突发事件发生时在车站内或列车上的客流均称为突发事件客流。

为了应对可能突发的状况，保护乘客的安全，城市轨道交通运营企业一般在列车和车站内都安装一定数量的应急设备。一旦出现突发事件时，站务人员和乘客均可通过应急设备进行报警或自救。

1. 车站应急设备

车站应急设备分为车站事故救援应急设备和车站机电设备应急装置。

车站事故救援应急设备有呼吸器、逃生面具、应急灯、担架、存尸袋、便携式扶梯、湿毛巾、抢险锤、防汛铁锹、挡水板、草垫子、编织袋等。车站应急抢险器材必须指定专人保管，不得随意挪作他用。车站应定期组织员工演练，定期对设备进行检查，掌握损坏的数量并及时进行补充，以确保突发情况发生时有足够且能够正常使用的设备。

车站机电设备应急装置主要有火灾报警器、自动扶梯紧急停机按钮、紧急停车按钮、屏蔽门自动解锁装置、应急门。各种设备的安装位置和数量均根据不同系统的建设要求而有所不同，各类应急设备的启用时间不同，必须在发生危及列车行车安全或人身安全的紧急情况下使用。

2. 列车应急设备

现代地铁车厢无论是乘客车厢，还是车辆驾驶室内都会安装应急设备，主要包括应急疏散门、紧急报警装置、灭火器和紧急开门装置等。

三、突发事件客流组织

突发事件发生后，车站应及时组织乘客采取各种措施进行自身防护，快速、有序地离开车站、列车内。突发事件客流组织的措施有疏散、清客和隔离。

1. 疏散

疏散是指在紧急情况下，利用一切通道和出口迅速将乘客从危险区域全部转移到安全区域，包括车站疏散和区间疏散。

（1）车站疏散

车站疏散需要各个岗位密切、高效配合，争取在最短的时间内尽快疏散乘客。各岗位具体的作业内容及程序如下。

值班站长宣布车站执行疏散程序，在上级领导到达前担任现场临时指挥，指挥抢险或乘客疏散；疏散完毕后，检查是否还有乘客滞留，并关闭出入口；如危及员工安全，应组织员工到紧急出入口或后备紧急出入口集中；如有乘客被困在站台，应指挥行车调度安排一列空车前往车站疏散乘客，安排人员对乘客进行安抚和维持站台秩序；当需要外部支援时，应安排一名站务人员到紧急出入口引导支援人员进站。

行车值班员向行车调度报告疏散的原因、列车的运行情况，视情况请求支援并通知公安维持秩序；使自动售检票系统进入紧急放行模式，开启相应的环控模式并通过乘客信息系统发布疏散信息。

其他各岗位人员应在值班站长的统一指挥下，在指定的地点（或区域）指引或引导乘客从危险的区域转移到安全的区域。

（2）区间疏散

当区间内或列车上发生突发事件后，司机要立即向行车调度报告，请求执行区间疏散。当车站接到行车调度或列车驾驶员需要区间疏散的通知后，由值班站长担任临时应急负责人，通知各岗位员工执行车站疏解程序，指定客运值班员负责组织疏散车站乘客。此时，应开启隧道灯，需要时开动通风设备，并带领站务人员或保安穿好装备，到区间疏散现场负责引导乘客往车站疏散，并在确认乘客疏散完毕和线路出清后，向行车调度报告，关闭车站。

2．清客

清客是指车站或列车出现异常时（如停电、列车停止运行等），需要将乘客从某一区域全部转移到另一区域，包括车站清客和列车清客。

（1）车站清客

车站清客主要作业内容及程序如下。

值班站长组织车站员工对车站乘客进行清客，引导乘客退票；检查车站内是否有滞留的乘客，确认无滞留乘客后及时关闭出入口，并召集所有员工等待恢复运营，同时安排人员到紧急出入口执勤。

行车值班员通知各岗位员工停止车站服务，执行清客程序，并使自动售检票系统进入紧急放行模式；通过乘客信息系统发布车站停止服务信息，在关站后转换为节电照明。

客运值班员引导乘客办理退票或出站，并根据需要为售票岗站务员配备零钞；统计退票数量，并将回收单程票封好后上交票务中心。

其他人员应在指定的地点做好乘客引导和办理退票手续，并维持好秩序。

（2）列车清客

列车清客主要作业内容及程序如下。

行车值班员接到列车清客通知后应立即通知值班站长、厅巡岗和站台岗站务员执行列车清客程序，并通过乘客信息系统发布相关服务信息；厅巡岗和站台岗站务员在规定的时间内完成对列车内乘客的清客工作，同时引导乘客退票或在同站台或另一站台等候下一趟列车；值班站长要做好乘客的解释和安抚工作，并将情况汇报给站长；清客完毕后，行车值班员应及时将完毕时间汇报给行车调度。

3．隔离

隔离是指采用某种方式或设备人为地隔开人群或封闭某个区域，根据造成隔离的原因分为非接触纠纷隔离、接触式纠纷隔离、客流流线隔离和疫情隔离。

案例模块

一、大客流组织

学习大客流组织可通过与车站正常情况下的客流组织进行对比学习。因此，此案例选用的车站与进出站客流组织选用的车站为同一车站，在此不再叙述车站设备布置的特点。突发大客流为进站大客流，主要集中在C、D出入口。

1．突发大客流的组织程序

① 当车站进站人数激增，车站现有售票能力无法满足需求时，值班站长应立即将情况报告给站务车间及票务中心加开预制票亭，以加快乘客进站速度，同时在站台、进出闸机增加引导岗位，采取临时疏导。

② 当出站客流不能及时被疏散时，应及时汇报给值班站长，值班站长应立即向站长汇报，站长立即向上级领导汇报，并请求支援。

③ 当站台的容量饱和时，车站应采取一级客流控制，并由步行楼梯口负责人和站台负责人将乘客暂时阻挡在站厅，等候下一班列车。

④ 当客流接近车站瓶颈通过能力（滞留乘客达站台中心线；滞留乘客排至站厅付费区闸机外）时，车站应采取二级客流控制，在进站闸机处截流，分批放行。

⑤ 当站厅及各售票点（含客服中心、TVM 及各预制票亭）均排队过长，且出现乘客拥堵现象时，车站应采取三级客流控制，关闭 C 口，并摆放告示，指引乘客从其他口进出，同时会同公安、保安在出入口进行客流控制，摆放铁马绕行，引导乘客分批进站。

⑥ 当进站人数继续增加，同时站台候车乘客激增，每趟列车过后站台均有滞留乘客时，值班站长应立即将情况报告给行车调度，并申请加开列车。

⑦ 当客流恢复正常后，值班站长应通知各岗位、各出入口工作人员正常放行，并逐步减少售票岗位。

2. 大客流情况下车站岗位设置及携带备品（见表 4-3 和表 4-4）

表 4-3　大客流情况下车站岗位设置及携带备品

序号	地点	岗位	上班时间	下班时间	职　责	携带备品
1	本站范围内	A1	08:00	19:30	负责车站整体工作	对讲机
2	本站车控室	C1	08:00	19:30	负责完成行车工作，监视闭路电视监控系统、接打行车调度电话等	对讲机
3		C1 协	08:30	18:00	协助行车值班员工作，负责订餐，安排顶岗吃饭和休息、接打行车调度电话以外的电话等，乘客较多时，到站台引导乘客上下车	对讲机
4	本站票务管理室	B1	08:30	20:00	负责当班票务工作	对讲机
5		B1 内协	08:30	18:00	协助完成票务工作	
6	本站站厅	客服中心	站厅负责人（A1 协）	08:30	18:00	负责站厅客流组织及处理乘客事务，安排区域内顶岗吃饭和休息	对讲机、自动扶梯钥匙
7			B1 外协	08:30	18:00	协助客运值班员工作，负责当班乘客事务处理，每 2 小时收一次票，主要在站厅外	对讲机、票务钥匙
8			D1	06:40	15:00	在客服中心完成兑零、乘客事务处理等业务操作，客服中心前无人时前去引导	
9			D3	14:30	22:30		
10			D2	07:00	15:30		
11			D4	14:30	22:30		
12		站厅	E1	07:00	14:30	引导乘客进出闸机、购买预制票，及时分流客服中心、TVM 处排队乘客，确保客流组织顺畅；发现闸机、TVM 故障报车控室，同时放置暂停服务牌，在车站巡视	对讲机、手提广播、边门卡
13			E2	14:30	22:20		
14			G	10:00	19:00	协助客运值班员收票、换钱箱，乘客较多时担任预制票岗站务员	对讲机
15	C 口通道	Y1	08:30	18:00	在 C 口卖预制票，卖预制票前到 B 端 TVM 处引导	验票仪、验钞机
16	D 口通道	Y2	08:30	18:00	在 D 口卖预制票，卖预制票前到 A 端 TVM 处引导	

项目四　城市轨道交通车站客流组织

续表

序号	地点	岗位	上班时间	下班时间	职　　责	携带备品
17	本站站台	站台负责人（值班员及以上）	08:30	18:00	在大客流情况下负责站台组织工作	对讲机、腰包、站台钥匙
18		F1	06:50	14:50	负责监控站台内的乘客动态，组织好乘客上下车，主要负责接发车及站台的全面引导和安全	
19		F2	14:30	22:20		
20		F1 协	08:30	18:00	负责监控站台内的乘客动态，组织好乘客上下车，主要负责接发车及站台 A 端的全面引导和安全	腰包
21		F2 协	08:30	18:00	负责监控站台内的乘客动态，组织好乘客上下车，主要负责接发车及站台 B 端的全面引导和安全	

注：表中 Y1/Y2 为预制票岗站务员，其余岗位名称参考表 4-2。

表 4-4　大客流情况下车站备品设置

序　号	物品名称	数　　量	摆放位置
1	铁马	10 个	站厅、出入口
2	导流伸缩带	120 米	站厅
3	临时售票亭	2 个	C 口车控室前放置一个；D 口放置一个
4	手提广播	4 台	车控室
5	腰包	8 个	车控室
6	对讲机	7 部	车控室

3. 大客流期间客流组织图

① 某地铁站大客流期间站厅客流组织流线、设备和设施、人员安排情况如图 4-20 所示。

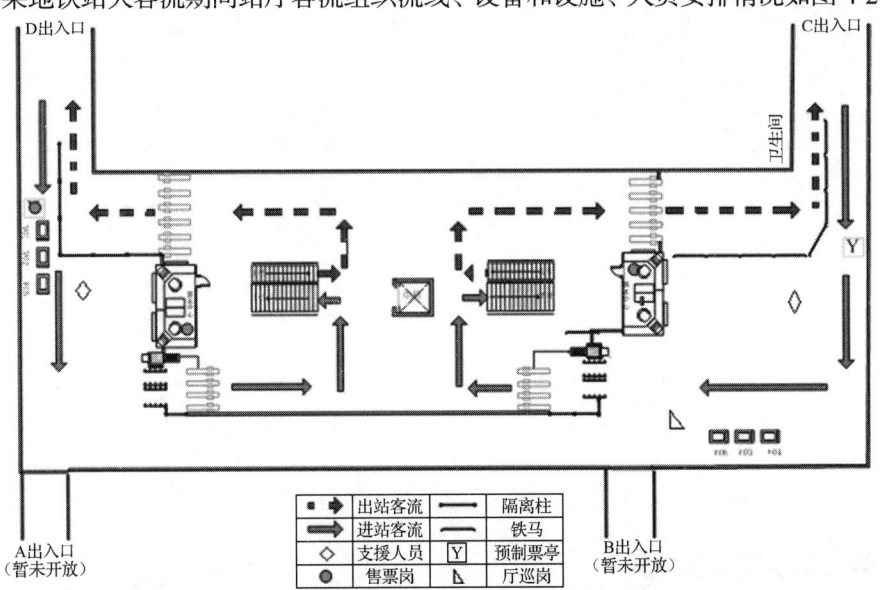

图 4-20　某地铁站大客流期间站厅客流组织图

② 某地铁站大客流期间站台客流组织流线、设备和设施、人员安排情况如图 4-21 所示。

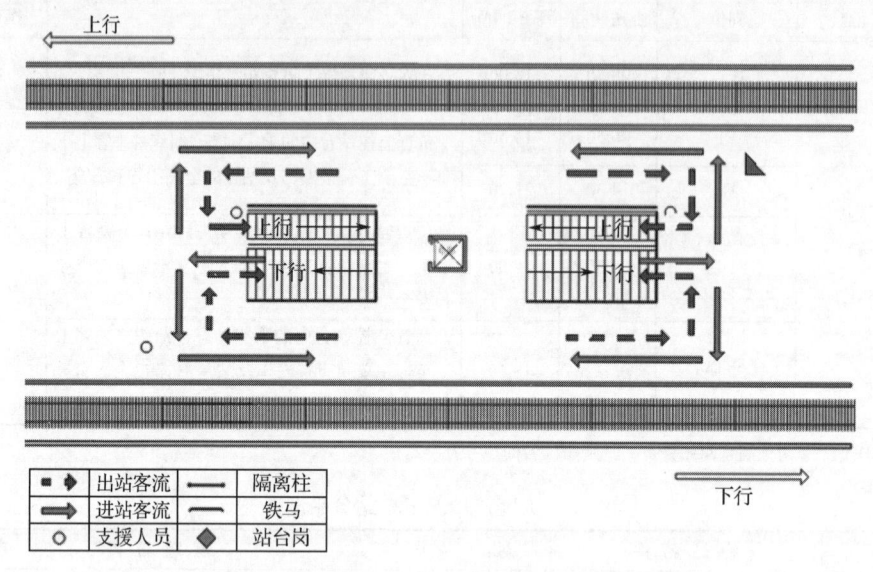

图 4-21　某地铁站大客流期间站台客流组织图

③ 某地铁站大客流期间出入口客流组织流线、设备和设施、人员安排情况如图 4-22 所示。

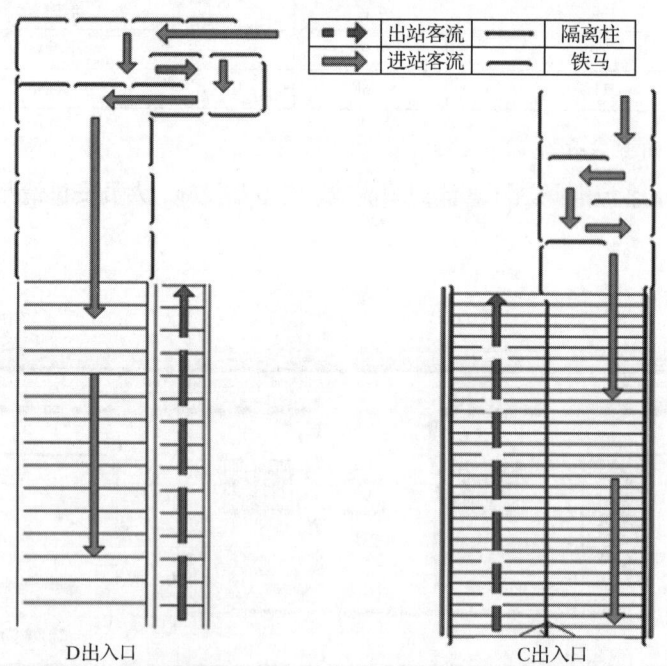

图 4-22　某地铁站大客流期间出入口客流组织（铁马设置）图

二、设备区火灾客流疏散

某地铁站设备区发生火灾时应组织客流疏散，此时车站各岗位职责如表 4-5 所示。

表 4-5　某地铁站设备区发生火灾时各岗位职责

岗　位	职　责
值班站长	① 接到火警通知后，立即做好个人防护（穿戴防烟面具、荧光衣等），携带相应房间钥匙等和客运值班员一起到现场，确认发生火灾后，担任事故处理主任，宣布执行设备区火灾应急处理程序，组织灭火。 ② 确认火灾不可控制时，关闭火灾房间的防火门，及时组织疏散乘客。 ③ 消防队员到达现场后，应将有关信息通报给消防负责人，视情况组织员工灭火或撤退；当撤退时负责确认所有站内人员是否疏散完毕。 ④ 安排工作人员在出入口截停乘客进站。 ⑤ 负责与各方的协调与沟通
行车值班员	① 接收到火警信息后，立即通知值班站长、客运值班员到报警点确认。 ② 确认发生火灾后，报行车调度、环控调度，视情况报 119、地铁公安和 120，并根据情况向行车调度申请列车在本站通过。 ③ 现场不能控制时，广播通知所有岗位执行设备区火灾应急处理程序，并反复广播引导乘客疏散。 ④ 按下自动售检票系统和自动扶梯的紧急停机按钮，将闸机设为紧急模式，执行相应的环控模式。 ⑤ 及时将火灾情况报告给行车调度，并与行车调度、值班站长保持联系，确认保洁员到紧急出口外张贴告示，接消防人员和医务人员。 ⑥ 撤退时，要确认广告照明、一般照明及自动扶梯等是否已关闭，随身携带与行车调度联系的无线电台
客运值班员	① 接到火警通知后，立即做好个人防护（穿戴防烟面具、荧光衣等），和值班站长一起赶到现场，确认火灾不可控制时，立即赶到车控室，确认所有闸机已设为紧急模式、自动扶梯已关停、广告照明已关闭及相应的环控模式的执行（同时注意确认疏散指示开启，下同）。 ② 按照环控调度命令，操作有关设备，确认行车值班员报警情况。 ③ 听从值班站长的安排
巡视员	接到执行火灾应急处理程序的通知后，立即关停自动扶梯，到站台组织乘客向站外疏散
售票岗站务员 1	① 接到执行火灾应急处理程序的通知后，收好钱和票，关闭客服中心的电源。 ② 将闸机和边门打开，疏导乘客出站。 ③ 关闭自动扶梯。 ④ 到出口拦截进站乘客并做好解释工作
售票岗站务员 2	① 接到执行火灾应急处理程序的通知后，收好钱和票，关闭客服中心的电源。 ② 将闸机和边门打开，利用手提广播疏散乘客出站。 ③ 确认站厅内的乘客全部疏散出站后报车控室。 ④ 听从值班站长的安排
保洁员	① 接到执行火灾应急处理程序的通知后，到车控室拿安民告示，到出入口进行张贴，并关停出入口的自动扶梯。 ② 等候消防队员到来，待消防员到达后引导其到现场灭火
司机	① 列车进入车站停车并发现火灾时应立即手动对标，严禁擅自开门，做好乘客广播，通知车上乘客在该站不下车，向行车调度汇报并按其命令执行。 ② 如行车调度决定在火灾站通过时，司机应做好乘客广播并多加瞭望以确认进路。 ③ 当在列车停靠站发现火灾时，应立即关门将车开往下一站，并报告给行车调度（司机必须确认凭证）

续表

岗 位	职 责
备注	① 当进行现场处理时，要注意做好个人防护。 ② 当员工需撤离到站外时，需到紧急出口外进行集合，由值班站长点名确认，并向行车调度留下联系人姓名及电话。 ③ 换乘站发生类似紧急情况时，车站要进行联动处理。 ④ 对于巡视岗和站台岗合并或只有一个售票岗/厅巡岗的车站，由事故处理主任根据车站实际情况做好人员岗位的安排。 ⑤ 凡火灾、毒气事件清客时，均需保洁员配合在出入口张贴告示、关停出入口的自动扶梯、在出入口等待并引导消防人员

拓展模块

突发事件处理应坚持以下原则。

① 参与应急事件处理的各岗位员工都应紧急行动起来，及早汇报，及时抢救，迅速开展工作。

② 坚持"先救人，后救物；先全面，后局部"的原则，优先组织人员疏散、伤员抢救，同时兼顾重点设备和环境的防护，力争将损失降到最低。

③ 兼顾现场的保护工作，以利于公安、消防和事件调查部门的现场取证。

④ 员工现场处理应急事件时应沉着冷静，反应迅速，做到早发现、早报告、早控制。严格执行规定的标准和程序时，做好乘客疏导和安抚工作，维持乘客秩序和减少乘客恐慌。要注意使用统一代号通知车站员工执行紧急疏散程序，以免发生恐慌。

⑤ 员工在处理应急事件时，坚持对外宣传口号归口管理的原则，不得擅自发布相关信息。

⑥ 突发事件发生时，坚持就近处理的原则。在上一级应急处理负责人到达现场前，员工按表 4-6 所示规定担任现场临时应急处理负责人。

表 4-6 临时应急处理负责人

序 号	发 生 处 所	现场临时应急负责人
1	列车上（列车在区间）	本列车驾驶员
2	列车上（列车在车站）	所在站值班站长
3	车站	所在站值班站长
4	区间线路上	行车调度员指定的值班站长
5	车场	车场调度
6	其他场所	现场职务最高的员工

实训模块

[实训任务]模拟三级客流控制。

[实训目的]掌握地铁车站三级客流控制的原则及具体方法。

[实训要求]实训过程中能运用一定的设备和设施进行控制并会运用标准用语。

[实训环境]客服实训教室。

[实训指导]指导学生按控制原则进行客流控制。

[实训考评]行为举止、语言规范。

课后思考

1. 大客流组织措施有哪些？
2. 突发事件客流组织措施有哪些？

项目五　城市轨道交通乘客事务处理

项目描述

在本项目中，学生可通过分析乘客事务产生的原因、乘客投诉的心理活动掌握有效处理乘客咨询、建议、表扬和投诉等事务的原则及技巧；了解车站及列车对乘客失物的处理规定，能妥善保管乘客遗失品。

任务一　乘客咨询、建议和表扬的处理

学习目标

1. 掌握乘客事务的类型及乘客事务处理原则；
2. 掌握乘客咨询、建议及表扬的处理规定和技巧。

学习任务

掌握乘客咨询、建议和表扬的处理。

教学环境

多媒体教室或客服实训教室。

理论模块

一、乘客事务的类型

乘客在乘坐地铁时会对员工服务、设备和设施、环境卫生、治安、地铁政策等方面产生肯定、疑惑等心理，有时会基于这种心理状态有一定的行为表现，如投诉、建议、咨询、表扬等，此类事务统称为乘客事务。

二、乘客事务处理原则

1. 客观、公正原则

处理乘客事务时应坚持客观、公正原则。客观是指按事物的本来面目去反映，不掺杂个人的主观意愿，也不为他人意见所左右。公正就是平等、公平、正直，没有偏失。

2. 首问责任制原则

首位接待乘客的员工负责全程跟进乘客需求，并对乘客的最终满意度负责。

3. 顾全大局原则

处理乘客事务时应尽量降低对其他乘客的影响，遇到复杂事件或乘客意见较大的情况

时应尽量请有异议的乘客到人员较少的区域或会议室。

4. 现场处理原则

受理乘客事务的个人或部门要尽量在现场处理完毕，以确保事务处理的有效性。

5. 及时原则

乘客事务发生后必须及时进行处理，不能让乘客长时间等待。如果当事人不能在第一时间进行处理，应立即通知上级，相关人员接到消息后，必须在3分钟内到场为乘客处理相关事务。

6. 满意原则

在处理乘客事务时，应尽量满足乘客的需要，做好服务补救措施，并及时将无法处理或乘客对回复不满意的投诉向上级反映，尽量使乘客满意。对于曾进行过投诉、建议的乘客，服务热线工作人员应定期进行电话回访并寄送地铁宣传资料，以体现对乘客的关注和尊重。

三、乘客咨询、建议及表扬的处理

当乘客提出咨询时，工作人员应停止手中的工作，仔细聆听，如果咨询事项比较复杂，工作人员应该做好记录。如果乘客咨询的事务属于职责范围内的问题，工作人员应立即答复乘客；如果乘客咨询的事务属于职责范围外的问题，工作人员应告知乘客咨询处，必要时可以引导乘客前往该处进行咨询；对于地铁客运服务之外的合理问题，也应该尽量回复乘客，或告知乘客可以获取相关信息的方式，以最大限度地满足乘客需求。

乘客建议是指乘客针对轨道交通系统提供的服务活动等客观存在的人或事件提出自己的意见或见解，使其具备一定的改革和改良条件，希望其向着更加良好的、积极的方向完善和发展。当乘客提出建议时，工作人员应仔细聆听并做好记录，同时对乘客的热心建议表示感谢。对于曾经提出过建议的乘客，服务热线工作人员应定期回访，以体现对乘客所提意见的重视。

当乘客对工作人员的服务非常满意时，会提出表扬。工作人员对于乘客提出的表扬应该当场表示感谢；如果乘客以小费、现金、礼品等财物表示感谢时则不得随意接受，如果确实无法推托，应当在"车站日常乘客事务处理表"上进行记录并同时将财物上交公司；当乘客赠送锦旗等进行表扬时，应当由受表扬的集体或个人妥善保存。

实训模块

[实训任务]模拟乘客咨询时工作人员的作业。

[实训目的]掌握乘客咨询时的处理原则及方法。

[实训要求]实训过程中能运用标准用语处理乘客咨询事务。

[实训环境]客服实训教室。

[实训指导]指导学生针对不同的咨询事务进行不同的处理。

[实训考评]行为举止、语言规范。

课后思考

1. 在日常工作中经常发生的乘客事务有哪些？
2. 如何理解乘客事务处理时的首问责任制？

任务二　乘客投诉处理

学习目标

1. 掌握乘客投诉的原因及类型；
2. 掌握乘客投诉的处理流程及技巧。

学习任务

会处理乘客投诉。

教学环境

多媒体教室或客服实训教室。

理论模块

一、乘客投诉及产生的原因

随着社会经济的增长，城市居民对日常生活质量的要求越来越高，而城市轨道交通已经成为城市居民日常生活所必需的，因此，人们乘坐轨道交通时对服务质量的心理期望值也越来越高。

当乘客在乘坐轨道交通过程中实际感知到的服务质量与自身的期望值存在差距（或良好的愿望不能得到满足）时，就会产生不满意或抱怨的情绪，如果把这种情绪通过口头或书面的方式表达出来，即称为乘客投诉。乘客投诉可以采取电话、信函、面谈、互联网等形式。

乘客在乘坐轨道交通时的实际感知主要表现在以下 5 个方面。

① 客运服务设备和设施。
② 客运服务人员的服务态度、服务方式及服务技巧。
③ 服务场所环境卫生。
④ 服务承诺。
⑤ 企业规章及政策。

二、乘客投诉的分类

按责任是否属于城市轨道交通单位一般可将乘客投诉分为有责乘客投诉和无责乘客投诉两大类。其中，有责乘客投诉按事件的性质及产生后果的轻重，又可以分为一类有责乘客投诉、二类有责乘客投诉和三类有责乘客投诉。不同地铁公司对乘客投诉的归类有所不同，现以某地铁公司对投诉的归类来学习一、二、三类乘客投诉的性质。

1. 由下述情况引起的乘客投诉，列为一类有责乘客投诉
① 服务工作中未能运用服务知识与技巧。
② 未及时放置警示牌，误导乘客。
③ 未主动维持乘客购票、进出站和候车秩序。
④ 未能礼貌、耐心地解答乘客的问题及采取力所能及的措施帮助有困难的乘客。
⑤ 出售或充值储值票时，未请乘客确认显示屏上的金额。
⑥ 列车车门或屏蔽门有故障暂停使用时，未及时张贴故障标志。
⑦ 未按规定进行广播或播放不及时。
⑧ 接到乘客求助后3分钟内未能赶赴现场。
⑨ 运营时间出入口关闭，未摆放告示。
⑩ 车站公告栏的内容与实际运营情况不符。
⑪ 员工因过失找错钱、卖错票且金额在10元以下。
⑫ 其他违反乘客服务标准的行为，尚未造成乘客损失。

2. 由下述情况引起的乘客投诉，列为二类有责乘客投诉
① 对乘客投诉的调查弄虚作假或隐瞒不报。
② 与乘客发生争执、拉扯的行为。
③ 列车清客、晚点时，未做好广播及解释工作。
④ 末班车信息未提前广播。
⑤ 对乘客违反规定的行为未给予制止。
⑥ 在岗位上做与本职工作无关的事。
⑦ 提前关站或延误开站时间10分钟以下。
⑧ 对乘客讲斗气、训斥、顶撞的话。
⑨ 列车清客时，工作人员用物品敲打车厢、扒拉乘客。
⑩ 找零不足（除找零硬币不足的情况外）。
⑪ 由于员工失误，错误引导乘客或造成经济损失10元以下。
⑫ 列车行驶不平稳或员工违反作业规定误操作设备，导致乘客受伤。
⑬ 无理拒绝乘客的合理要求。
⑭ 未及时加票、加币或更换票箱，导致自动售检票设备中断服务。
⑮ 未及时疏导乘客，造成拥挤。

3. 由下述情况引起的乘客投诉，列为三类有责乘客投诉
① 对乘客有推、拉、打、踢等粗暴行为。
② 讥笑、谩骂乘客，讲侮辱乘客自尊心和人格的话。
③ 有捉弄、欺瞒乘客的行为。
④ 由于员工失误，错误引导乘客或造成经济损失10元及以上。
⑤ 提前关站或延误开站时间10分钟以上。

⑥ 利用乘客资料以不同形式骚扰、恐吓他人。
⑦ 工作中有舞弊行为，使乘客利益受损。
⑧ 因地铁服务设备和设施故障，造成乘客利益严重受损或给乘客带来较大不便。

三、正确看待投诉

"智者千虑，必有一失"，无论站务人员对乘客服务花费了多少心力，也难免会出现一些问题，也就是说，乘客投诉难以避免。因此，站务人员应充分认识到：乘客对服务进行投诉是正常现象。从某种意义上讲，投诉是城市轨道交通管理者和乘客沟通的桥梁，有时可能会使被投诉的部门或人员受到相应惩罚，甚至会使所有站务人员感到难堪，但投诉同时又是一个信号，反映了城市轨道交通服务和管理中存在着问题。形象地说，投诉的乘客就像给服务部门治病的医生，是在为其进行诊断，如果相关部门能够接受并对症下药，就能使自己的服务、设备和设施得到改进与提高。

具体来讲，乘客投诉具有以下3个方面的意义。

1. 可以使管理者认识到服务与管理工作过程中的不足

有些问题虽然存在，但自己不一定能发现得了。一方面，有些问题是潜在的，不容易被发现。另一方面，与"入芝兰之室，久而不闻其香；入鲍鱼之肆，久而不闻其臭"的道理一样，部门的管理者及员工长期在自己的岗位上工作，一切已习以为常，往往发现不了自身存在的问题。而乘客乘坐地铁时对服务、设备和设施方面存在的问题非常敏感。此外，虽然站务人员都进行过严格的培训，也有相应的规范要求，但并非所有员工都能在领导不在场的情况下约束自己，一旦领导离开，他们可能放松对自己的要求，行为上出现一些不当之处，管理者可能发现不了，而乘客作为服务的直接消费者，能够及时地发现和指出存在的问题。

2. 有利于改进站务人员的服务，提高服务水平

通过乘客的投诉，站务人员可发现自身所存在的问题，如果能及时针对这些问题进行认真整改，必然会使服务质量得到提高。

3. 提供了与乘客修补关系、缓和矛盾的契机

乘客投诉，表示他们对服务不满，如果没有投诉程序，乘客就无法表达自己的不满情绪，也可能因此不再乘坐地铁，这既会影响地铁的声誉，又会影响乘客自身的利益；如果投诉机制能起作用，乘客可通过这一渠道发泄自己的怒气与不满，站务人员也可以在了解到乘客的不满之后及时对自己的过失加以弥补，所以两者之间就有了修复关系的可能，进而留住乘客的心。

四、乘客投诉的处理流程

1. 乘客投诉处理的4个阶段

乘客投诉的处理一般要经过投诉受理、投诉调查、投诉化解及服务持续改进4个阶段。

（1）投诉受理

投诉受理是车站自收到乘客的投诉起到对与投诉有关的内容及信息进行收集整理的过程，是解决乘客投诉的基础环节。投诉受理作为投诉处理过程之一，主要记录投诉者的详细信息、对服务不满的描述及要求，即谁投诉、投诉什么、为什么投诉及有何要求四大内容。投诉记录的形式多种多样，如表格形式、文字报告形式，又如照片、录音、录像、光盘等媒介形式。

受理乘客投诉时要学会聆听。首先，聆听可以让乘客宣泄不满，以便了解乘客的需求，为处理投诉奠定基础。其次，聆听有助于感知乘客的"弦外之音"，从而耐心引导乘客将其真正的不满讲出来，根据存在的问题"对症下药"。当乘客宣泄不满时，不要急于打断他，也不要急于辩解，应微笑而视，表现出对他所提的问题很重视、很关注。对于乘客提出的问题，切记不要有先入为主的判断，不要站在专业人士的角度看待和判断，要站在"门外汉"的角度聆听，切身感受乘客的心情。

受理乘客投诉时还要学会提问。在提问的过程中，行之有效的是"漏斗式"的提问方式，即通过提问将乘客的不满一步步锁定在更小的范围内。但这种提问方式要求提问者思路清晰，逻辑性强，如果毫无逻辑地发问，不仅问不出重点问题，而且会非常耽误时间，导致乘客更加不满。问题可分开放式问题和封闭式问题。在提问初期适合提开放式问题，之后为了控制时间和锁定关键问题，适宜提封闭式问题。

（2）投诉调查

投诉调查是处理投诉的关键环节，只有核查清楚投诉事件的真实情况，分清责任，才能公正地解决乘客投诉。对投诉进行调查时应提前确定参加调查的人员、调查的范围、调查的内容和方式。

（3）投诉化解

投诉化解是指投诉调查完成后，应根据调查的结果回复投诉乘客，把如何处理投诉告诉乘客，努力化解投诉，争取与乘客达成共识。投诉化解包括两部分内容：一是经过调查后对乘客的回复；二是如果回复不被乘客接受，则应立即制订更为有效的处理方案，直到乘客满意。

化解乘客投诉时要学会管理乘客的期望。首先，要明确乘客的期望值，告诉他哪些可以被满足，哪些不可以被满足，目的是与乘客达成共识。其次，要正确处理不合理的乘客期望。以行业标准来确定乘客的期望就不合理，如果整个行业都没有满足乘客某种需求的先例，那么乘客的这个期望值可能就不合理。另外，也可从影响乘客期望的可控因素着手，适当将乘客的期望值控制在一个相对较低的水平，因此更容易使乘客满意。

化解乘客投诉时要学会表达整改的诚意。首先，要基于给乘客造成的不便和损失真诚道歉，道歉的人可以是处理投诉的人员或被投诉者，也可以是相关负责人，甚至是最高管理者。其次，向投诉者赠送礼物、纪念品也是对投诉乘客的一种积极回复，特别是那些提出建设性意见的乘客，应给予相应的鼓励和感谢，此举可有效调动乘客出谋划策的积极性。最后，可向乘客说明由于投诉带来服务或设备等方面的积极变化，这是一种使投诉乘客产生成就感的好方法。

（4）服务持续改进

服务持续改进是增强处理投诉能力的循环活动，以满足投诉乘客不断增长的投诉要求。服务持续改进的核心目的是改善服务产品的特性和提高处理投诉过程的有效性，其重点是积极采取相应的纠正措施和进行创新性改进，消除导致投诉发生的现有的和潜在的原因，防止问题发生或重复发生，保持处理投诉的程序有效且高效。

2. 车站接到投诉的处理程序

车站有乘客投诉时，一般由当班值班站长（站长）受理，并将乘客所反映的问题如实记录；对于非人为失职、违规等引起的投诉，值班站长应当予以解释和答复；若是人为失职、违规等城市轨道交通方的过错造成的，则应立即让当事人到现场协助进行调查处理并向乘客道歉；对于不能马上答复的，应留下乘客的具体资料，填写"车站日常乘客事务处理表"，在两个工作日内由中心站站长答复乘客；如果乘客不接受车站回复，车站工作人员可指引乘客填写"乘客意见卡"，并转交所在部门处理，由部门服务管理人员在两个工作日内回复乘客；如果乘客仍不接受则立即将"乘客意见卡"转交服务热线处理，由乘客信息处理员按照相应的处理流程回复乘客。

3. 服务热线工作人员接到投诉的处理程序

乘客向服务热线投诉时，工作人员应在"乘客事务记录本"上如实记录，对非人为失职、违规等引起的投诉由工作人员当场予以解释和答复；若是人为失职、违规等城市轨道交通方的过错造成的，则根据乘客所提供的信息将事件转发给相关部门进行调查，并要求在72小时内回复服务热线；服务热线工作人员在接到投诉的7天内必须将处理结果回复给乘客。

五、乘客投诉的心理分析

乘客投诉时既有客观原因，也有主观原因。客观原因一般指非企业责任；发生较多的是主观原因引起的投诉，主要集中在服务质量、服务态度、服务方式、服务技巧等方面。例如，服务人员不尊重乘客，对乘客不主动、不热情，用语言冲撞乘客，服务不周到，卫生工作马虎等。经过调查统计，在众多的投诉中，乘客投诉的心理状态有求尊重、求公平、求补偿、求宣泄等。

求尊重的心理是指乘客在乘车过程中感到自己未被尊重，因此通过投诉来获得尊重；求公平的心理是指根据"公平理论"，乘客花了钱而没有获得相应的利益，如价格不合理、服务设施不完善、服务不到位等，就会寻找机会来满足自己的公平心理；求补偿的心理是指乘客在乘车过程中，精神或物质方面受到了一定损失，需要通过投诉的方式来获得一定的经济赔偿；求宣泄的心理是指乘客购买了客运产品后，会产生"购买后的抱怨"心理，这种抱怨发展到一定程度就会产生投诉活动，乘客利用投诉的机会把自己的烦恼、怒气发泄出来，以维持其心理上的平衡。

案例模块

1. 事情经过

某年9月,两位乘客从A站进站,他们同持一张城市交通一卡通进站,其中一名乘客进站以后,再由另一名乘客到A站客服中心更新,当时A站售票岗站务员没有问清有多少人进站,就马上进行了进站更新。而当这两名乘客到达B站以后,其中一名乘客因无票出站被厅巡岗站务员发现,厅巡岗站务员指责其违章使用车票,使乘客感到非常不满意。后来该无票乘客称是A站允许两个人使用一张票进站的,所以不肯补票,直到值班站长到达现场并解释其票务规章政策后,乘客才勉强补了全程车票,但对地铁告示和员工指引表示不满意,因此拨打服务热线进行投诉。

2. 事件分析

① A站售票岗站务员对于乘客进站更新车票事宜,没有了解和确认原因,导致多人用一张票进站,是造成乘客出站时因补票而不满的主要原因。

② B站厅巡岗站务员语气不当,导致乘客产生反感。

③ B站没有及时与A站联系,也没有进行沟通,导致此问题产生。

3. 技巧点评

① 车站工作人员在处理乘客车票时应加强责任心,特别是持城市交通一卡通、储值票的乘客进站时,应确认是否一票多人,并及时提醒乘客注意票务规章政策。

② 厅巡岗站务员发现此情况时,应礼貌地向乘客了解原因,并向乘客做好票务规章政策的解释工作。

③ 值班站长要及时到场,向乘客道歉,并表示因员工工作疏忽给乘客带来了不便,希望乘客谅解。

实训模块

[实训任务]模拟乘客投诉时站务人员的作业。

[实训目的]掌握乘客投诉时的处理原则及方法。

[实训要求]实训过程中能运用标准用语处理乘客投诉。

[实训环境]客服实训教室。

[实训指导]指导学生针对不同的乘客投诉事务进行不同的处理。

[实训考评]行为举止、语言规范。

课后思考

某年12月13日12:30左右,乘客欲在杨箕站D出口客服中心购买一张50元的储值票,售票岗站务员A没有任何解释,直接说没有车票可卖,让乘客到另一个客服中心购买。当该乘客在另一个客服中心掏出100元购买一张50元的储值票时,售票岗站务员B却说没有零钱可找,让乘客到银行兑换后再来购买车票。这时,客服中心内另一位员工接过乘客的100元钱并储完值后找回50元纸币给乘客。事后,该乘客投诉了前两位售票岗站务员,即对他们的服务态度表示不满意。

1. 造成乘客投诉的原因是什么?乘客投诉心理是什么?
2. 案例中的投诉是哪类投诉?
3. 如果你是值班站长,乘客找你投诉,你该如何处理?

任务三　乘客失物处理

学习目标

1. 掌握车站失物处理程序;
2. 掌握列车失物处理程序。

学习任务

能够正确处理车站失物。

教学环境

多媒体教室或客服实训教室。

理论模块

一、乘客失物的性质判别

站务人员要根据自身的经验,通过视觉观察失物上有无危险标志(如三品标志),通过听觉确认有无异常响声(如计时器响声),通过嗅觉发现有无异常气味(如刺激性气味),初步鉴别乘客失物的性质和类别,如果确认为可疑物品,应配合值班站长用隔离带或屏风隔离现场,劝离附近的乘客。

根据乘客失物的性质可把失物分为一般失物和特殊失物,其中,特殊失物包括信(文)件、现金、危险品、违禁品、易腐物品等。

二、乘客失物处理原则

车站对失物实行专人管理,客运值班员负责本站失物的登记、保管、认领、移交;失物的清点、检查、登记、认领应由两人(客运值班员及以上级别人员)同时进行;乘客认领失物时,应描述失物特征,出示有效证件,车站当班客运值班员及值班站长现场核查无误并办理有关手续后,方可将失物交还乘客;如失物为违禁品、危险品、机要文件、大额现金,应立即转交地铁公安处理;失物未交还乘客前,应妥善保管,任何单位和个人不得侵占和挪用;车站只办理当日失物的认领,隔日失物的认领统一由失物处理中心办理;一般失物在失物处理中心超过规定保管期限的,按无人认领失物处理。

三、车站对乘客失物的处理

各轨道交通运营公司对乘客失物的处理程序有一定的差别,但其程序大致相似。下面以某轨道交通运营公司的失物处理程序为例进行介绍。

1. 一般失物处理程序

车站客运值班员与失物拾获人当面检查、核对失物，并详细填写"车站失物处理登记表"，注明失物数量及特征，双方签名确认；根据"车站失物处理登记表"填写"失物标签"，并粘贴在失物上。若有失主联系资料，车站即时通知失主到车站认领失物；若无失主联系资料，应对失物做好妥善保管。当日若无失主认领失物，车站应在当日运营结束前派人（其中一人必须是客运值班员及以上级别人员）利用末班车将本站失物移交到失物处理中心。

2. 特殊失物处理程序

（1）信（文）件的处理

① 对于有"特快专递""挂号""机密""绝密"等字样或未付邮资的信（文）件，填写"车站失物处理登记表"后立即交站内地铁公安签收处理。

② 已付邮资的一般信件由车站代为投寄。

③ 其他信（文）件按一般失物处理。

（2）现金及其他有价票据的处理

① 若现金总额在2000元以内，由车站当班值班站长与客运值班员双人核实，填写"车站失物处理登记表"后装入信封密封，并加盖个人私章后妥善保管。若当日无人认领，随"车站失物处理登记表"移交失物处理中心。

失物处理中心接收到各站移交的现金后：金额为500元以下的，在失物处理中心保险箱内保管一周；金额为500~2000元的，在保险箱内保管3日。若超过保管期限无人认领，应将现金上交派驻运营分公司财务部；若超过保管期限有人认领，失主可凭失物处理中心填写的"车站失物处理登记表"第二联，于办理认领手续后的第二个工作日到派驻运营分公司财务部办理现金认领手续，失物处理中心应于当日电话通知派驻运营分公司财务部。派驻运营分公司财务部在办理现金认领手续后将失主领取凭证存档备查，并将办理结果告知失物处理中心。

② 若现金总额在2000元以上或有价票据总额在2000元以上，车站应要求地铁公安介入，并于填写"车站失物处理登记表"后移交地铁公安签收处理。

（3）危险品及违禁品的处理

当车站发现有枪支、弹药、汽油、硫酸等易燃、易爆、腐蚀、剧毒物品等可疑失物时，车站工作人员应立即填写"车站失物处理登记表"并移交地铁公安签收处理；当列车司机接到乘客报告或发现枪支、弹药、汽油、硫酸等易燃、易爆、腐蚀、剧毒物品等可疑失物时，应立即报控制指挥中心或地铁公安进行处理。

（4）食品与易腐物品的处理

食品与易腐物品不移交失物处理中心，由车站自行处理。

① 有包装的食品保管期限为72小时，若无人认领则由车站自行处理。

② 无包装的食品与易腐物品（如肉类、蔬菜等）保管到当日关站，若无人认领则由

车站自行处理。

四、失物存放及保管

失物处理中心必须对接收到的失物建立计算机台账，并对失物进行分类存放；贵重物品（如钱包、手机、首饰、有价票据、现金存款单等）必须存放于保险柜内；其他物品（如雨伞、文件、证件等）可存放于储物架或文件柜内。失物处理中心的工作人员每季度必须对存放的失物进行清理、造册，并按有关规定进行处理。

五、失物认领

一般情况下，车站只办理当日失物的认领，若当日无人认领，应由当班客运值班员会同本站当班值班站长确认登记后交失物处理中心。

1. 一般失物的认领程序

有人认领一般失物时，由认领人提供失物名称、遗失地点、遗失时间，车站或失物处理中心初步确认是否有认领人所述的相符物品。如有相符物品，则请认领人提供两项以上最能表现失物特征的证明，如特征相符，则由车站客运值班员及值班站长共同确认并办理认领手续。认领时，失主须凭本人身份证或其他有效身份证明办理领取手续，如实填写相关资料，并由双方在"车站失物处理登记表"上签字确认。

2. 现金的认领程序及要求

有人认领现金时，由车站当班客运值班员会同车站当班值班站长，按规定共同确认认领人身份后，方可办理认领手续，且双方须在"车站失物处理登记表"上做好登记签收，由失主本人凭"车站失物处理登记表"第二联，于办理认领手续后的第二个工作日到派驻运营分公司财务部办理现金领取手续，失物处理中心应在办理认领手续的当日电话通知派驻运营分公司财务部及时准备现金。失物处理中心在处理现金认领时，必须对"车站失物处理登记表"第二联进行复印，备查。

有人认领现金时，"车站失物处理登记表"认领事项中的证明人必须是车站站长或车站当班值班站长，500~2000元现金认领的证明人必须是车站站长。

六、无人认领失物的处理

失物在处理中心的保管时间超过期限的，按无人认领失物办理。对于不同的无人认领失物，各轨道交通运营公司有不同的处理方法。以下以某轨道交通运营公司对无人认领失物的处理程序为例进行介绍。

对于无人认领的地铁车票，每月统计一次，上交票务管理室，并由票务管理室进行处理。失物处理中心所在车站必须派值班站长、站务员各一名与票务管理室共同交接，并通知车务部综合策划室相关负责人到场监督，最后填写"车站无人认领失物处理登记表"。

对于无人认领的金额在500元以下（包括500元）的现金，每周统计一次；金额在500~2000元的现金，每3日统计一次，并上交派驻运营分公司财务部进行处理。失物处理中心与派驻运营分公司财务部进行现金交接时必须由两人共同完成（其中必须有一名值班站长），并通知车务部综合策划室相关负责人到场监督，同时填写"车站无人认领失物处理登记表"。

对于无人认领的银行卡、社保卡等各种卡类失物，应交还各发卡单位进行处理。若发卡单位不受理，应由失物处理中心所在车站站长或值班站长及一名车站工作人员，将磁卡剪去一角，交由车站保洁员处理，并通知车务部综合策划室相关负责人到场监督，同时填写"车站无人认领失物处理登记表"。

对于无人认领的普通证件、普通文件，每半年清理一次，由失物处理中心所在车站站长或值班站长及一名车站工作人员清理后交由车站保洁员处理，并通知车务部综合策划室、站务室的客运值班员到场监督，同时填写"车站无人认领失物处理登记表"。

对于其他无人认领失物，每季度清理一次，由失物处理中心按种类进行划分，统计各类失物的数量并造册后报车务部综合策划室，综合策划室报综合部党群办公室，由相关负责人联系民政局或可接受捐赠部门进行处理。失物处理中心在交接无人认领失物时，必须有车务部综合策划室相关负责人在场监督，同时填写"车站无人认领失物处理登记表"。

对于未保管至3个月就发霉、腐败及潮湿的失物，失物处理中心需每月进行一次清理，由失物处理中心所在车站站长或值班站长及一名车站工作人员清理后交由车站保洁员处理，并通知车务部综合策划室、站务室客运值班员在场监督，同时填写"车站无人认领失物处理登记表"。

七、司机对乘客失物的处理

司机在列车上拾获乘客失物时，应集中在某一车站办理移交手续。司机通知站台当班人员，由两名站务人员与司机在站台屏蔽门端门处进行交接，交接时要求在监控范围内进行。司机因折返时间有限，可与站务人员对失物进行简单交接，收条上只注明"××物品一件（批）"或"现金××元"，双方签字确认。失物的详细清点和核对在交接后由车站工作人员在车控室按规定进行（列车司机在其他车站拾获的失物，可于返回此车站时交接）。

若列车回车厂后被发现有乘客失物，应由当班司机与乘务室相关人员进行交接或自行将失物送至失物处理中心交接。

站务人员接到司机所交的乘客失物后比照车站乘客失物的存放、处理及认领程序进行办理。

拓展模块

乘客物品掉入轨道的处理：当发生乘客物品掉落轨道事件时，有关岗位的作业如下。

（1）站台岗站务员

① 接到乘客通知后，站台保安马上将情况报告给车控室，并安抚乘客。

② 立即到现场查明情况，并向车控室汇报情况。如果影响行车，则应按下紧急停车按钮。

③ 去监控亭拿夹物钳、隔离带，到现场隔离该处屏蔽门。

④ 得到值班站长的指示后，用钥匙打开该处屏蔽门，将物品夹起。
⑤ 得到值班站长的指示后，恢复屏蔽门的使用，撤掉隔离带。

（2）行车值班员

① 接到站台的通知后，立即向值班站长汇报情况，直到厅巡岗站务员到现场协助处理，并向行车调度汇报有关情况。
② 经站台岗站务员确认后，向行车调度汇报有物品，询问是否影响行车。
③ 接到值班站长的通知，向行车调度汇报有关情况，并请点（时间段）。
④ 经行车调度批准后，按下紧急停车按钮，做好防护并通知值班站长可以实施处理。
⑤ 线路出清后，请求行车调度销点，在 IBP 上按下取消紧急停车按钮，恢复正常运营。

（3）值班站长

① 接到行车值班员的报告后，立即到现场查看有关情况。
② 确认物品是否可以用夹物钳夹起，并预计所需时间。
③ 将情况通报给车控室，要求行车值班员向行车调度请点；通知站台岗站务员去监控亭拿夹物钳、隔离带，到现场隔离该处屏蔽门，准备夹起物品；通知厅巡岗站务员去监控亭拿信号灯，到站台尾端墙处做好防护准备。
④ 行车调度同意后，通知厅巡岗站务员做好防护；如行车调度不同意在运营时间处理，则登记乘客详细资料，待物品取出后通知乘客领取。
⑤ 做好防护后通知站台岗站务员将物品夹起，并疏散围观乘客。
⑥ 物品夹起后通知站台岗站务员撤掉隔离带，恢复屏蔽门的使用，通知厅巡岗站务员收回防护信号。
⑦ 确认线路出清，向车控室报告。
⑧ 做好相关记录，将物品归还乘客。

（4）厅巡岗站务员

① 接到行车值班员的通知后，立即到现场协助处理。
② 接到值班站长的通知后，去监控亭拿信号灯，到站台尾端墙处做好防护准备。
③ 得到值班站长的指示后，到尾端墙处手持信号灯做好防护。
④ 得到值班站长的指示后，收回防护信号。

（5）行车调度

① 接到通知后，如物品影响行车，则扣停后续车，安排车站取出物品。
② 如物品不影响行车，根据行车间隔和车站请点要求做出适当安排。

实训模块

[实训任务]模拟站务人员在站台拾到乘客失物的处理。
[实训目的]掌握乘客失物的处理原则及方法。
[实训要求]实训过程中能运用一定的标准用语处理乘客失物。
[实训环境]客服实训教室。

[实训指导]指导学生针对不同的失物进行不同的处理。
[实训考评]行为举止、语言规范。

课后思考

某年 10 月 1 日,站务员小张在某地铁 1 号线升仙湖站(端点站)坚守岗位,一班列车到达后,他和司机在折返前清客时拾到一个包裹,这时他们应该如何处理?

1. 要求口头叙述列车失物处理程序。
2. 两名学生扮演案例中的角色,实际模拟处理过程。

项目六 城市轨道交通车站客伤处理

项目描述

在本项目中,学生可通过分析客伤产生的原因及客伤的处理原则和流程,掌握有效救护、安抚乘客及调查客伤事故的方法。

任务一 认识客伤

学习目标

1. 掌握客伤的概念;
2. 了解客伤产生的原因;
3. 掌握客伤的处理原则和流程。

学习任务

学习客伤产生的原因和处理原则,能够清楚掌握不同岗位进行客伤处理的流程。

教学环境

多媒体教室。

理论模块

一、客伤的概念及其产生的原因

1. 轻微客伤及客伤的概念

轻微客伤是指在城市轨道交通系统范围内发生的地铁外部人员及非在岗作业的地铁员工发生的无须送往医院抢救、检查和治疗,可在现场进行简单包扎处理的乘客伤害。

客伤是在城市轨道交通系统范围内发生的地铁外部人员及非在岗作业的地铁员工的人身伤害及伤亡事件的总称。

2. 客伤产生的原因

城市轨道交通系统一般处在地下或高架桥的半封闭空间里,具有隐蔽性、封锁性、人员和设备高度密集等特点,一旦发生突发事件(如行车事故、设备事故、自然灾害、人员纠纷或乘客自身疾病等),就易发生人员伤害和财产损失。因此,客伤产生的原因大体可分为4个方面:人为因素、设备因素、社会因素和自然灾害。

(1)人为因素

城市轨道交通系统涉及的人员有乘客和工作人员,因此人为因素主要指乘客自身和工作人员工作措施不当两方面的原因。

① 乘客自身原因是指乘客未遵守安全乘车规则或自身疾病导致事故而造成的人身伤害，如地铁车站发生的乘客不慎掉入轨道事件或使用自动扶梯不当造成的摔伤、乘客冲闸或抢上抢下造成的夹伤、乘客自身疾病突发造成的摔伤等。

② 工作人员工作措施不当或疏忽引发事故而造成的乘客伤害，如驾驶员因未按行车组织作业标准行车造成行车事故而导致乘客伤害、站务人员未及时处理站厅地面的杂物或积水造成乘客的摔伤等。

（2）设备因素

城市轨道交通系统是一个大联运机，由几十个专业系统组成，设备众多，任何一个系统设备尤其是与行车有关的设备发生故障，都可能导致地铁无法正常运转，甚至造成巨大的生命财产损失。例如：供电系统发生故障会造成列车运行时停电、列车停止运行等事故，这类事故发生时如果工作人员不能及时有效地疏散乘客则会造成乘客伤害；行车通信信号发生故障会造成行车事故，这类事故发生时，可能会导致列车追尾，从而造成乘客伤亡。

（3）社会因素

城市轨道交通车站是乘客集散的地点，列车上也是人流密集的场所。因此，有些心态扭曲的破坏分子会选择车站和列车作为报复社会的场所。例如：2009年6月5日发生的成都市9路公交车的火灾和2010年7月21日发生的长沙机场巴士火灾，均是犯罪嫌疑人将个人在生活或工作方面受到的挫折归因于社会不公，因此产生报复社会的行为。同样，地铁也会被恐怖分子选择成政治破坏的场所。

（4）自然灾害

自然灾害是指由强降雨、强台风、地震等自然因素产生事故而造成乘客的人身伤害。

二、客伤的处理原则和流程

1. 客伤的处理原则

车站在处理客伤事件时要以维护公司形象、保护公司最大利益为原则，坚持以人为本，给予乘客必要的帮助；要第一时间进行取证，尽可能得到旁证及当事人签字确认，以事实为依据，客观记录，充分收集并保存原始资料。

2. 客伤的处理流程

车站现场工作人员发现或接到乘客求救时，须立即汇报当班值班站长（或站长），并疏散围观群众，安抚和救助受伤乘客，保护事故现场，寻找目击证人，劝留证人或留下证人的联系方式。当班值班站长（或站长）应担任临时应急处理负责人，立即安排其他员工携带急救医药箱赶赴现场。

当班值班站长（或站长）在对伤者进行必要的现场急救时，应尽量对现场进行取证，询问当事人、证人，了解事情经过，填写有关调查表，并由当事人、证人签字确认。

若受伤人员伤势较轻可以行走，救治人员可陪伤者到车站会议室休息、安抚或包扎上药；若伤者伤势较重，必要时救治人员应协助及时拨打120急救电话。

若初步判断乘客受伤属于地铁责任，车站应立即向有关部门、单位汇报。伤者提出去医院检查时，车站可安排车站工作人员陪同伤者前往医院，伤者在医院所花费用，经请示同意后，由车站使用有关处理经费垫付。

课后思考

1. 什么是客伤？客伤产生的原因有哪些？
2. 客伤的处理原则有哪些？

任务二　救护和安抚乘客

学习目标

1. 熟练掌握心肺复苏术；
2. 熟练掌握创伤止血、现场包扎、现场骨折固定及伤员搬运的方法；
3. 掌握对受伤乘客的心理安抚技巧。

学习任务

能正确、熟练地完成心肺复苏术的操作；能灵活、熟练地进行创伤止血、现场包扎、现场骨折固定及伤员搬运；能针对不同情况对受伤乘客进行心理安抚。

教学环境

多媒体教室及急救实训室。

理论模块

现代社会，各种疾病尤其是心脑血管疾病的发病率数据攀升，意外伤害事件明显增多，各种灾害频发。因地铁的服务对象具有人员密集、流动性大、年龄跨度大及所处空间相对狭小、密闭等特点，所以突发事件发生的概率大大增加。无论是针对个体疾病、意外还是群体事件，都要求现场工作人员熟练掌握急救技能及心理安抚的技巧，并能在急救现场灵活运用，冷静、镇定、果断、灵活、机智地应对各种突发情况。因此，现场工作人员很有必要进行简单医疗救护及心理安抚知识的学习，即以训练现场急救技能为重点，不断提高应对各种突发情况的能力，最大限度地确保乘客及自身的生命安全。

一、现代救护的概念

现代救护是指在事发现场，对伤病员实施及时、先进、有效的初步救护。

现代救护是立足于第一现场的抢救。在地铁里发生的紧急事件，工作人员通常是"第一目击者"，为了挽救乘客生命，降低致残率，减轻其痛苦，应对伤病员实施有效的初步紧急救护措施，并在医疗救护下或运用现代救护服务系统将伤病员迅速送到就近的医疗机构，继续进行救治。

二、现场评估

在现场,首先应注意可能对救护人员本人、伤病员或旁观者造成的伤害及进入现场是否安全;其次是对各种疾病和损伤的原因进行判断;最后确定受伤人数。工作人员进行现场评估时必须迅速,控制好情绪,尽快了解情况,检查现场是否安全,确认引起疾病和损伤的原因、受伤人数以及自身、伤病员及旁观者是否身处险境,伤病员是否仍存在生命危险,然后判断现场是否有可以使用的资源、需要何种支援及可能采取的救护行动。

三、危重病情判断

救护人员应在现场对伤病员进行初步的评估,确认并立即处理威胁生命的情况,检查伤病员的意识、气道、呼吸、循环体征、瞳孔反应等。

1. 意识

救护人员应判断伤病员神志是否清醒。在大声呼唤、轻拍伤病员肩膀时,如果有睁眼或肢体运动等反应,表明伤病员有意识。如果伤病员对上述刺激无反应,则表明意识丧失,且已陷入危重状态。如果伤病员突然倒地,呼之不应,情况多为严重。

2. 气道

保持气道通畅对于呼吸来说是必要条件。如果伤病员有反应但不能说话、不能咳嗽,可能存在气道梗阻,必须立即检查和清除。

3. 呼吸

正常成人的呼吸为每分钟 12~18 次,危重伤病员的呼吸会变快、变弱甚至不规则,呈叹息样。在气道畅通后,应对无反应的伤病员进行呼吸检查,如果伤病员呼吸停止,应在保持气道通畅的同时立即施行人工呼吸。

4. 循环体征

正常成人的心跳为每分钟 60~100 次,儿童为每分钟 110~120 次。常见的几种情况:呼吸停止,心跳随之停止;心跳停止,呼吸随之停止;心跳和呼吸几乎同时停止。

严重的心脏急症(如急性心肌梗死、心律失常及严重的创伤、大出血等)危及生命时,心脏呼救的信号:心跳加快,每分钟超过 120 次;心跳减慢,每分钟 40~50 次;心跳不规则,忽快忽慢、忽强忽弱。另外,应迅速对伤病员皮肤的温度、颜色进行检查,如伤病员是否面色苍白或青紫、口唇、指甲发绀,皮肤发冷等,有助于了解其循环和氧代谢情况。

5. 瞳孔反应

当伤病员脑部受伤、脑出血、严重药物中毒时,瞳孔可能缩小为针尖大小,也可能扩大到黑眼球边缘,并且对光线不发生反应或反应迟钝,有时可能因为出现脑水肿或脑疝而使双眼瞳孔一大一小。

6. 其他检查

除了进行上述检查外,还应对伤病员的头部、颈部、胸部、腹部、盆腔、脊柱和四肢进行检查,检查有无开放性损伤、骨折畸形、触痛、肿胀等体征,这有助于进行整体判断

（注意伤病员的整体情况，如表情淡漠、不语、出冷汗、口渴、呼吸急促、肢体不能活动等）；检查有无活动性出血，如果有出血，应立即止血。

四、紧急呼救

国家有全国统一的急救电话号码，例如，美国是 911，日本是 119，英国是 999……我国统一的急救电话号码是 120。当出现危重伤病员，且经过现场评估和病情判断后需要立即救护时，应及时向专业急救机构或附近担负院外急救任务的医疗部门、社区卫生部门报告，请求立即派出专业救护人员、救护车至现场抢救。

电话报告内容如下。
① 报告人姓名和联系电话，伤病员姓名、性别、年龄和联系电话。
② 伤病员所在的确切地点，地铁站的站名及确切的出口位置。
③ 伤病员目前最危重的情况。
④ 现场采取的救护措施。
⑤ 在征得急救中心同意后再挂断电话。

五、心肺复苏

1. 定义

心肺复苏是指对呼吸和心跳骤停的患者在开放气道的前提下进行人工呼吸和胸外心脏按压，建立有效循环，尽快使其恢复自主呼吸和心跳。

2. 对心肺复苏的认识

心肺复苏是自 20 世纪 60 年代至今以来，全球最为推崇的也是普及最为广泛的急救技术之一，是针对呼吸和心跳骤停采取的"救命技术"。该急救技术对于那些处于濒死阶段或处在临床死亡期而并未进入生物学死亡期的伤病员是十分有效的，也是必需的。心肺复苏是现代救护的核心内容，是最重要的急救知识、技能之一。

3. 适用征

心肺复苏适用于各种原因引起的心跳骤停。
① 意外事件。
② 器质性心脏病。
③ 神经系统疾病。
④ 手术和麻醉意外。
⑤ 药物过敏或过敏性休克。
⑥ 严重水-电解质和酸碱平衡紊乱。

4. 实施心肺复苏的紧迫性

人体内是没有氧气储备的。呼吸和心跳的突然停止会导致全身重要脏器缺血缺氧，尤其是大脑。因为大脑一旦缺血、缺氧 4~6 分钟，脑组织便会发生损伤，超过 8 分钟便会发生不可恢复的损伤，所以，最好在 4 分钟内立即进行心肺复苏，即实施心肺复苏必须争分夺秒，尽早实施。

心肺复苏术的具体操作步骤将在技术模块中讲述。

六、创伤救护

创伤是由各种致伤因素造成的人体组织损伤和功能障碍。轻则造成体表损伤，引起疼痛或出血；重则导致功能障碍、残疾，甚至死亡。

创伤救护包括止血、包扎、固定、搬运4项技术，将在技术模块中具体讲述。

七、受伤乘客的常见心理反应

意外发生后，无论是受伤乘客本人还是家属乃至其他目睹的人，都会出现焦虑、紧张、恐惧、不安、无奈、愤怒、无助等急性心理反应或处于不稳定状态，这是人们对意外表现出的自然心理反应，有时还会伴有一些生理反应，如心跳加速、肌肉紧绷、神经紧张或感觉麻痹、身体完全不听话等。有时恐惧的感受会比较持久，即使环境已经不再存在危险，但仍然会感觉到不安全，觉得自己没有受到任何保护，或感觉自己正遭受到别人的威胁。有的伤员还会表现出易激动，不断埋怨和责怪别人，甚至可能情绪失控。

八、心理安抚的重要性

有效的心理安抚可以帮助人们获得生理、心理上的安全感，缓解乃至稳定由意外引发的恐惧、震惊、愤怒或悲伤、无助的情绪，减轻不良心理应激反应，尽快恢复至心理平衡状态。现实中，当遇到乘客意外受伤时，工作人员如果能够及时、恰当地予以心理安抚，可起到缓解痛苦、调节情绪、减轻恐惧、平息愤怒等作用。有效的心理安抚既能给予伤员强有力的心理支持，利于伤员的病情恢复，也有利于事件的妥善解决。

技术模块

一、心肺复苏术（CPR）

1. 早期识别心跳骤停与呼救

（1）判断意识

轻拍患者双肩，高声呼喊"喂，你怎么了？"，如认识，可直呼其姓名，如无反应，则说明意识丧失，如图6-1所示。

（2）判断脉搏

用食指及中指指尖先触及气管正中部位，然后向旁边滑移2~3厘米，在胸锁乳突肌内侧触摸颈动脉是否有搏动，如图6-2所示。注意：检查时间不要超过10秒，如10秒内不能明确感觉到脉搏，则应开始胸外按压。（此步骤非医务人员可省略。）

（3）判断呼吸

看胸廓有无起伏，如无起伏，判断无呼吸。

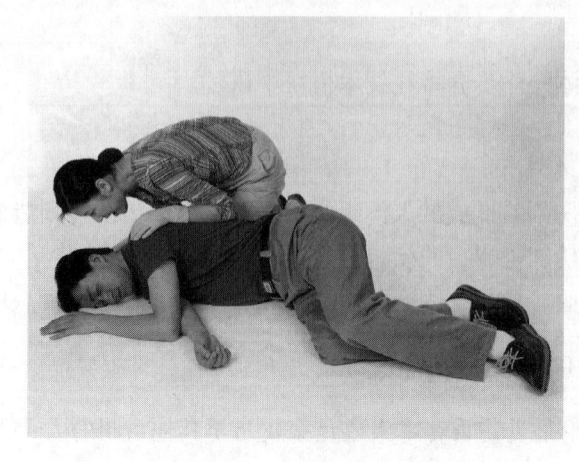

图 6-1 判断意识

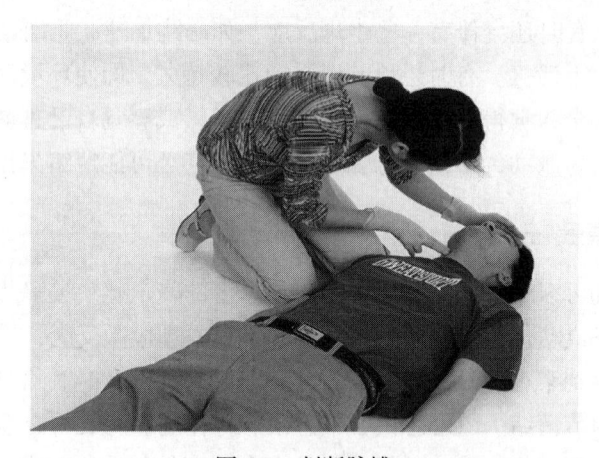

图 6-2 判断脉搏

（4）立即呼救

一旦发现患者无意识、无脉搏、无呼吸，则可判定发生心跳骤停，应立即高声呼唤其他人前来帮助救人（见图 6-3），并尽快拨打 120 或附近医院电话。

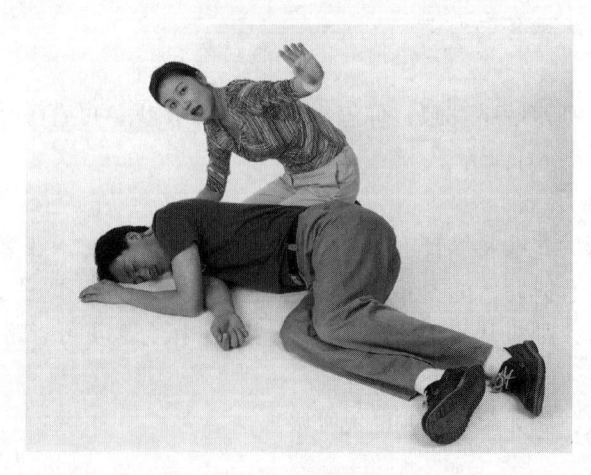

图 6-3 现场呼救

2. 早期心肺复苏

（1）胸外按压

只要判断出心跳骤停，应立即进行胸外按压，以维持重要脏器的功能。

① 体位：患者仰卧于硬质平面上，头、颈、躯干平直，无扭曲，如图 6-4 所示。

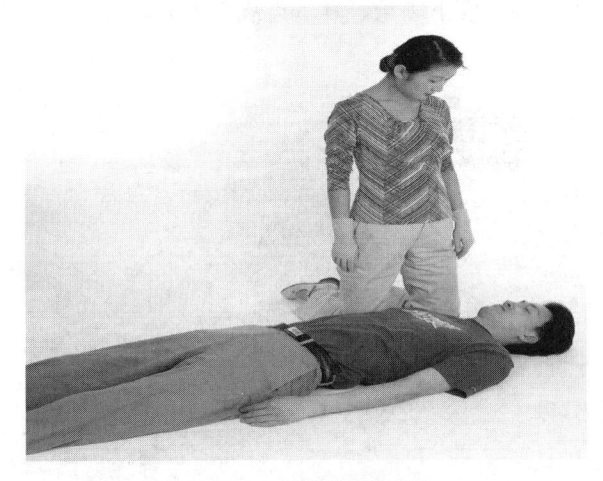

图 6-4　胸外按压体位

② 按压部位：胸骨中下 1/3 交界处或双乳头与前正中线交界处，如图 6-5 所示。

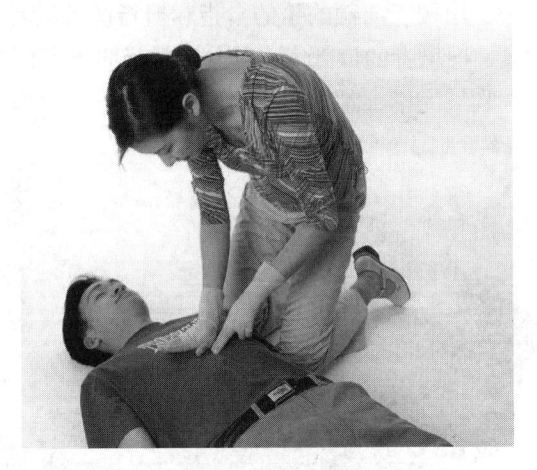

图 6-5　胸外按压

③ 按压方法：按压时上半身前倾，双肩正对患者胸骨上方，一只手的掌跟放在患者胸骨中下部，然后两手重叠，手指离开胸壁，双臂绷直，以髋关节为轴，借助上半身的重力垂直向下按压。每次抬起时掌根不要离开胸壁，并随时注意有无肋骨或胸骨骨折。

④ 按压频率：每分钟至少 100 次。

⑤ 按压幅度：胸骨至少下陷 5 厘米或胸廓前后径的 1/3，压下与松开的时间基本相等，压下后应让胸廓充分回弹。

（2）开放气道

开放气道时应先去除气道内的异物。首先解开患者衣领、围巾，戴上手套，迅速清除患者口中的异物和分泌物，以利于呼吸通畅。开放气道的常用方法是仰头举颏法，如图6-6所示：用一只手的小鱼际按压患者的前额，使头部后仰，同时另一只手的食指及中指置于下颌骨骨性部分，向上抬颏，使下颌角、耳垂连线与地面垂直。

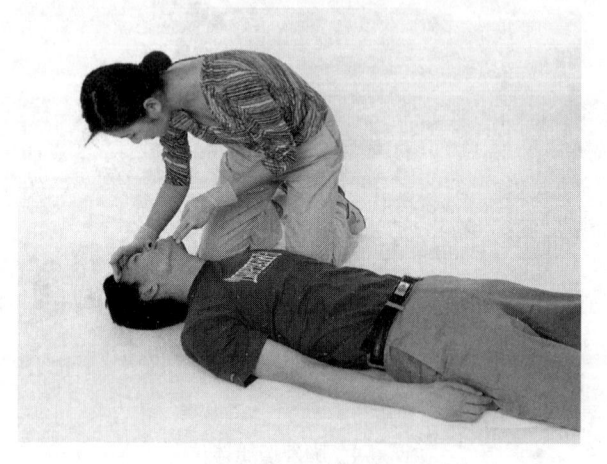

图6-6　仰头举颏法

（3）人工呼吸

口对口人工呼吸方法：用按于前额的手的食指和拇指捏紧患者鼻孔，如图6-7所示。正常吸气后紧贴患者的嘴，把患者的口部完全包住，缓慢向患者口内吹气（1秒以上），使得患者胸廓抬起。每一次吹气完毕，都应与患者口部脱离，吹气频率为10～12次/分钟。

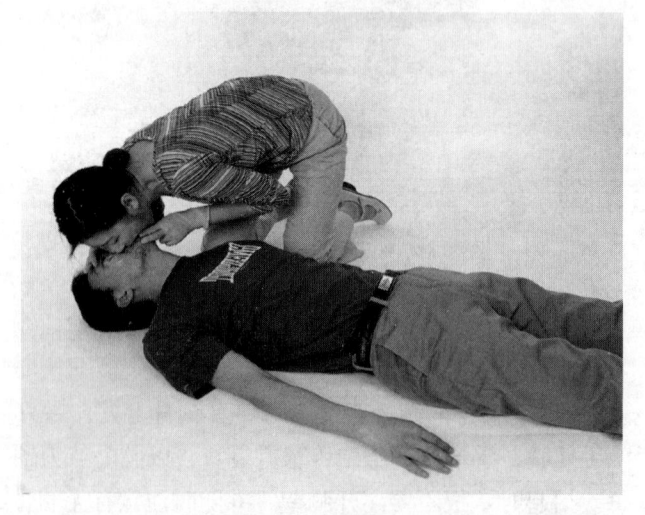

图6-7　人工呼吸法

（4）按压与吹气的比例：30∶2

3. 评估

单人操作时，5个按压/通气周期（约2分钟）后，再次检查和评价，如仍无循环体征，继续进行心肺复苏。

4. 早期除颤

发现患者心跳骤停时，应立即进行心肺复苏，如果是可除颤心律，应尽早电除颤。如图6-8所示，自动体外除颤器（AED）是一种易于操作、可自动检测心率、自动除颤，专为现场急救设计的便携式急救设备，稍加培训便能熟练使用。它有别于传统除颤器，可以经内置计算机分析和确定患者是否需要予以电除颤。在除颤过程中，AED的语音提示和屏幕显示使操作简便易行。当意外发生后，若现场有AED设备，应及时使用，而在等待除颤器就绪时应进行心肺复苏。如图6-9所示为中国台湾101大厦中的AED装置。

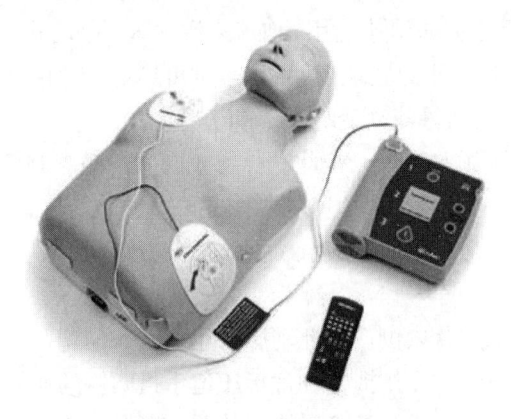

图6-8 AED

图6-9 中国台湾101大厦中的AED装置

二、创伤止血

在各种突发创伤中,常出现因外伤而大出血的紧张场面。出血是创伤的突出表现,止血是创伤现场救护的基本任务。有效止血能减少出血,保存有效血容量,防止发生休克。因此,在现场及时、有效地止血是挽救生命、降低死亡率,并为伤员赢得进一步治疗时间的重要技术。

1. 包扎止血法

普通包扎止血法是常用的止血方法:先用干净敷料覆盖伤口,然后进行包扎。如果出血量较大,可进行加压包扎止血:先用敷料或其他洁净的毛巾、手绢、三角巾等覆盖伤口,然后用三角巾或绷带加压包扎,压力以能止住出血而又不影响伤肢的血液循环为度。

2. 指压止血法

先用手指压迫伤口近心端的动脉,阻断血流来源,达到临时止血的目的,然后再选择其他止血方法。该止血方法适用于急救现场处理较急剧的头颈部和四肢的动脉出血。在指压止血的同时,可抬高伤肢,使血液流动变缓,以助于凝血。

① 颞浅动脉:耳前下颌关节处。按此动脉可止同侧前额、颞部(太阳穴的部位)及前头部出血。

② 面动脉:下颌骨下缘与咬肌的交点(下颌角前方2~3厘米处)。按此动脉可止同侧脸下部出血。

③ 肱动脉:上臂上部肱骨内侧。按此动脉可止上臂、前臂及手部的出血。

④ 指动脉:手指出血时,可用拇指和食指压迫手指两侧的血管。

⑤ 尺动脉、桡动脉:同时按这两个动脉可止手掌部的出血,即在腕部掌面两侧同时按压方可止血。

⑥ 股动脉:腹股沟(大腿弯曲时与躯干的交界处)韧带中点稍下方触到股动脉搏动后,两手拇指重叠,用力压向股骨,可止下肢出血。

3. 填塞止血法

对于伤口较深较大、出血较多、组织损伤严重的伤员,用消毒纱布、敷料(或用干净的布料替代)堵塞在伤口内,再用加压包扎法包扎。

4. 止血带止血法

当遇到四肢大动脉出血,或伤口大、出血量多,采用上述3种止血法仍不能止血时,方可选用止血带止血法。止血带能有效地制止四肢出血,但使用不当可能引起或加重肢端坏死、急性肾功能不全等并发症,因此主要用于暂不能用其他方法控制的出血。常用的止血带有橡皮管(带)、布条止血带等。

布条止血带止血步骤如图6-10所示。

① 将三角巾或衣服等布料折叠成带状。

② 在上臂上1/3端或大腿中上部垫好衬垫(绷带、毛巾、平整的衣物等)。

③ 用制作好的布料带在衬垫上加压绕肢体一周,两端向前拉紧,打一个活结。

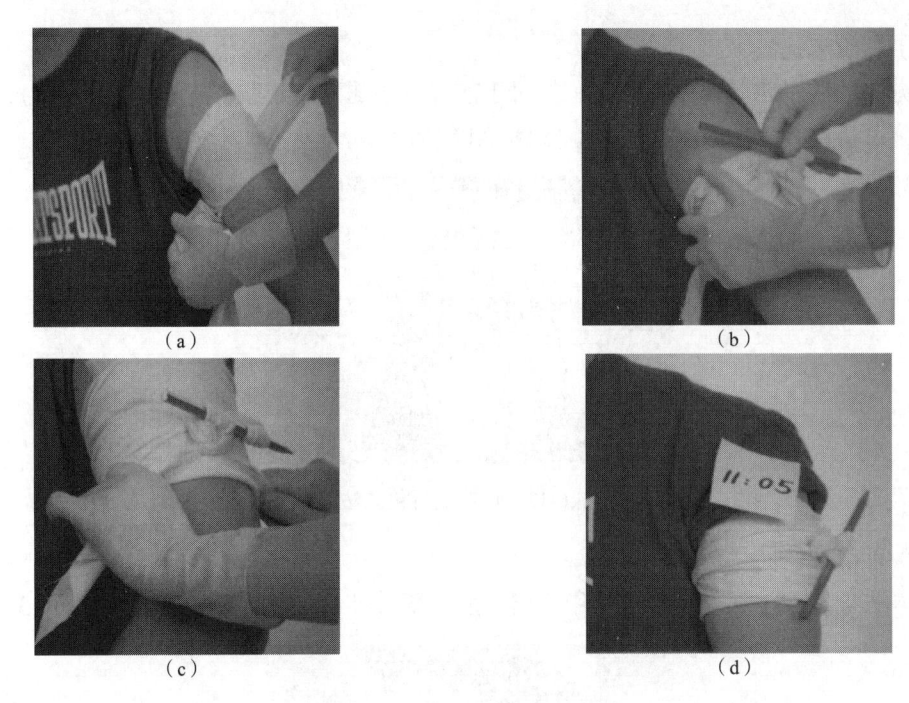

项目六　城市轨道交通车站客伤处理

(a)　(b)　(c)　(d)

图 6-10　布条止血带止血步骤

④ 取绞棒，插在布料带的外圈内，将绞棒绞紧，以止血带远端肢体刚刚摸不到动脉搏动为度，把绞棒的一端插入活结内固定。

⑤ 记录上止血带的时间，每隔 40～50 分钟要放松 3～5 分钟。

三、现场包扎

快速、准确地用创可贴、尼龙网套、纱布、绷带、三角巾或其他现场可以利用的布料等对伤口进行包扎是外伤救护的重要一环。它可以起到快速止血、保护伤口、防止进一步污染、减轻疼痛的作用，有利于转运和进一步治疗。

1. 绷带包扎法

（1）环形包扎法

此方法是绷带包扎中最常用的方法之一，适用于肢体粗细较均匀处伤口的包扎，如图 6-11 所示。

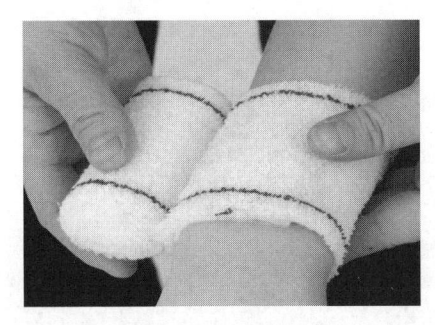

图 6-11　环形包扎法

（2）螺旋包扎法

此方法适用于四肢部位的包扎。如对于前臂及小腿，由于肢体上下粗细不均匀，所以采用螺旋反折包扎法的效果会更好，如图 6-12 所示。

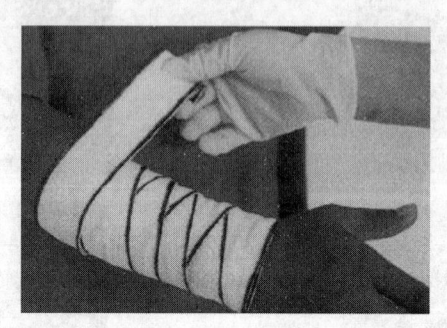

图 6-12　螺旋反折包扎法

（3）手部"8"字包扎法

此方法适用于手部包扎，也适用于肩、肘、膝关节、踝关节的包扎，如图 6-13 所示。

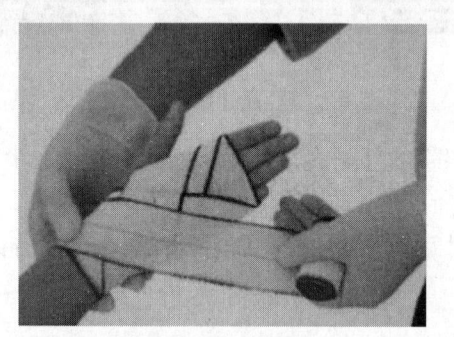

图 6-13　手部"8"字包扎法

（4）回反包扎法

此方法适用于头部或断肢伤口的包扎。

2. 三角巾包扎法

（1）头顶帽式包扎法

此方法适用于头部外伤的包扎，如图 6-14 所示。

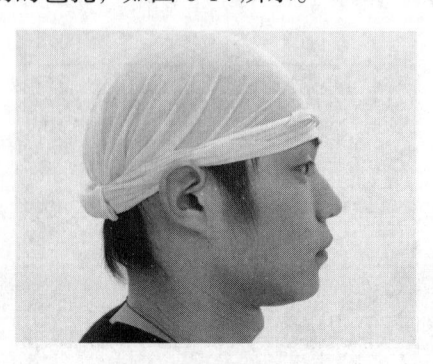

图 6-14　头顶帽式包扎法

（2）肩部包扎法

此方法适用于肩部外伤的包扎。

（3）胸背部包扎法

此方法适用于前胸或后背外伤的包扎。

（4）腹部包扎法

此方法适用于腹部或臀部外伤的包扎。

（5）手（足）部包扎法

此方法适用于手足外伤的包扎，如图 6-15 所示，包扎时一定要将指（趾）分开。

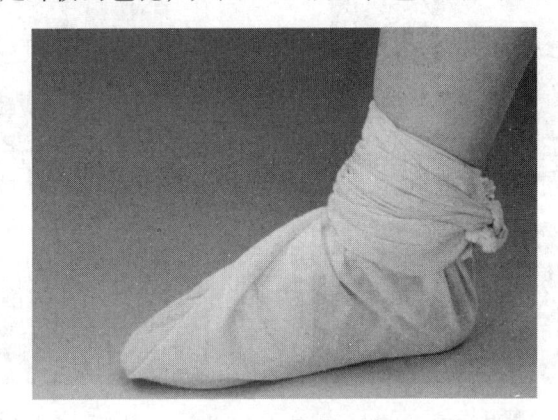

图 6-15　手（足）部包扎法

（6）膝关节包扎法

此方法适用于膝关节、肘关节的包扎，包扎面积大且牢固，而且比绷带包扎法更省时。

四、现场骨折固定

骨折是人们在生产、生活中常见的损伤。为了避免骨折的断端对血管、神经、肌肉及皮肤等组织的损伤，减轻伤员的痛苦，以及便于搬动与转运伤员，凡发生骨折或怀疑有骨折的伤员，均必须在现场立即对其采取骨折临时固定措施。

1. 骨折的判断

① 剧烈疼痛并有明显压痛、肿胀。

② 畸形：骨折部位形态改变，如成角、旋转、肢体缩短等。

③ 骨摩擦音及骨摩擦感：骨折断端相互碰触时出现的声音和感觉。严禁有意去做此项检查。

④ 功能障碍：骨的支撑、运动、保护等功能受到影响或完全丧失。

2. 常见骨折的固定方法

（1）上臂骨折固定

将夹板放在骨折上臂的外侧，先用绷带固定，再固定肩肘关节，用一条三角巾折叠成条状将前臂悬吊于胸前，用另一条三角巾围绕患肢于健侧腋下打结，如图 6-16 所示。

（2）前臂骨折固定

将夹板置于前臂两侧，然后固定腕、肘关节，用三角巾将前臂屈曲悬吊于胸前，如图6-17所示。

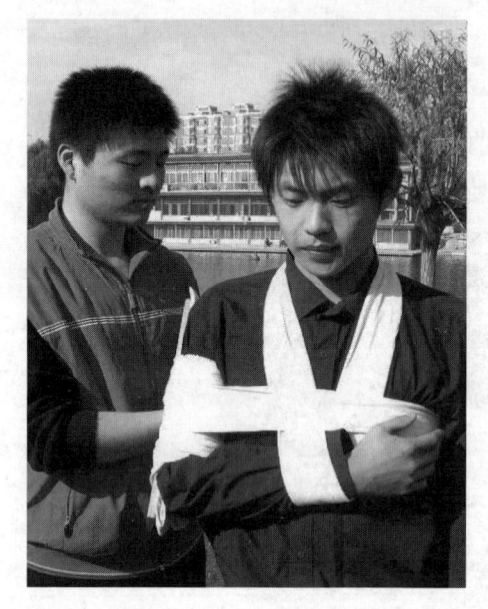

图6-16　上臂骨折固定　　　　　　　　图6-17　前臂骨折固定

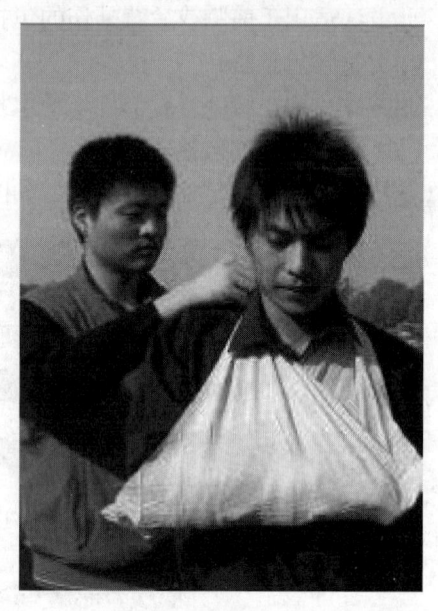

（3）小腿骨折固定

先将与脚跟至大腿中部的长度相当的两块夹板分别置于小腿内外侧，再用三角巾或绷带固定（也可用三角巾将患肢固定于健肢）。

（4）脊柱骨折固定

伤员仰卧于木板上，用绷带将其脖、胸、腹、髂、脚踝部等固定于木板上。

3. 骨折临时固定的注意事项

① 如果为开放性骨折，必须先止血，再包扎，最后进行骨折固定，此顺序绝不可颠倒。

② 下肢或脊柱骨折，应就地固定，尽量不要移动伤员。

③ 进行四肢骨折固定时，应先固定骨折的近端，后固定骨折的远端。夹板必须扶托整个伤肢，骨折处上下两端的关节均必须固定住；绷带、三角巾不要绑扎在骨折处；应露出指（趾）端，以随时观察血液循环情况，如有苍白、发绀、发冷、麻木等表现，应立即松开夹板等，重新固定，以免造成肢体缺血、坏死。

④ 夹板等固定材料不能与皮肤直接接触，要用棉垫、衣物等柔软物垫好，尤其骨突部位及夹板两端更要垫好。

五、伤员搬运

搬运的目的是使伤员迅速脱离危险现场，防止再次受伤；立即送往急救站或指定医院，以便及时得到进一步治疗。但搬运可能使伤员进一步受到伤害和加重损伤，因此搬运时应注意是否进行了骨折固定、采取哪种方法搬运、使用什么搬运工具。常用的搬运方法如下。

1. 单人搬运

单人搬运时一般采用拖行（见图 6-18）、扶行、背负、抱行、爬行（见图 6-19）等方法。

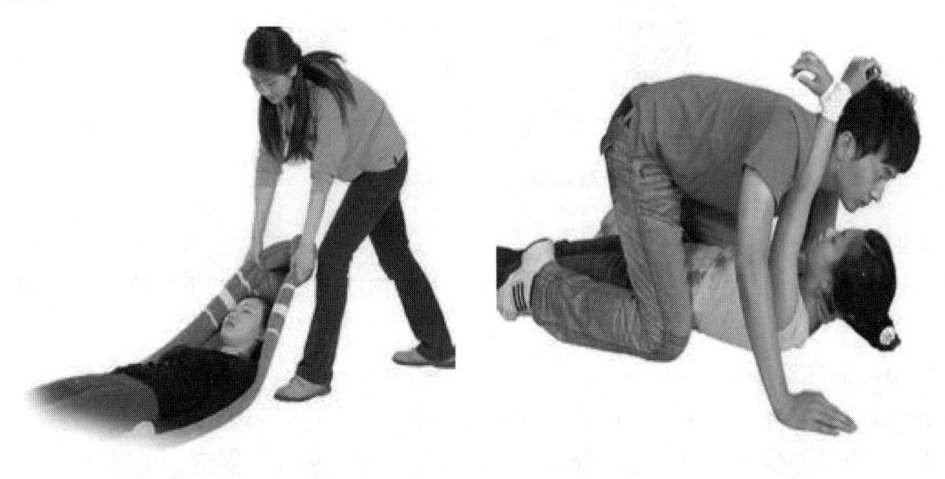

图 6-18　拖行搬运法　　　　图 6-19　爬行搬运法

2. 双人搬运

双人徒手搬运时可采用椅托式或轿杠式搬运法（见图 6-20）。如果有担架或简易担架，可进行双人抬担架搬运。

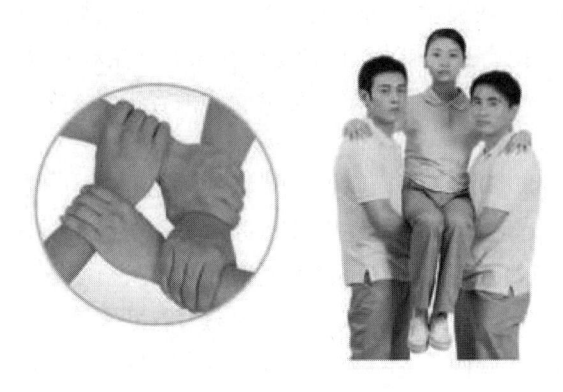

图 6-20　轿杠式搬运法

3. 脊柱骨折伤员的搬运方法

脊柱骨折后容易损伤脊髓，不能活动和负重，所以搬运时应多人用手分别托住伤员的头、肩、臀和下肢，动作一致地将伤员托起，平放在硬板担架上；绝不可一人抱头、另一人抱脚的不一致搬运。若疑有颈椎骨折，应由专人固定头部，然后按搬运脊柱骨折伤员的方法平抬搬运，并固定好颈部，防止头、颈扭转和前屈，如图 6-21 所示。

图 6-21　脊柱骨折伤员的搬运方法

4. 骨盆骨折伤员的搬运方法

伤员仰卧，两髋、膝关节呈半屈曲位，腘下垫以衣物或被褥卷，两下肢略外展，减轻疼痛。

搬运伤员时的注意事项。

① 搬运动作要轻巧、迅速，尽量减少震动和颠簸。

② 搬运前应做好伤员的初步急救处理，一般要先止血、包扎、固定，再搬运。

③ 搬运过程中应随时观察伤员的伤情变化，及时灵活处理。

六、心理安抚的技巧

1. 陪伴

一旦乘客发生意外伤害或突发疾病，工作人员应该及时赶到现场进行处理，在开展呼救、抢救的同时，还应安抚、陪伴乘客。即便是轻伤乘客，在对方情绪没有完全稳定之前，也不宜将其独自留在现场。工作人员的陪伴会给受伤乘客带来安全感，并能让乘客感受到温暖和支持。

2. 认真倾听

倾听也是一种艺术，倾听过程中不要急于打断对方，要善于引导。受伤乘客通常情绪比较激动，希望倾诉，有些乘客甚至会将愤怒发泄在工作人员身上，而且可能对意外发生过程的叙述与事实有一定出入，这时工作人员不要急着打断乘客的诉说，也不要急着反驳乘客的说法，而要认真、耐心倾听，对乘客的处境给予高度重视和同情，让乘客的情绪有一个发泄的出口，也让乘客感到工作人员在认真关注他们的痛苦，以消除疑虑，产生信赖。同时，尽情地倾诉也能起到疏泄郁闷情绪的作用，使乘客一吐为快，心情放松。

3. 耐心解释

对受伤乘客提出的问题，工作人员应尽量采用通俗易懂、深入浅出、切合实际的说法给予耐心、诚恳的解释，这会让乘客感受到真诚；切忌使用复杂、高深的专业术语，使乘客难以理解，更不能将乘客的不理解简单归结于"这个你不懂"。

4. 适当保证

对待顾虑特别多的乘客，工作人员可以给予适当的保证，让乘客先消除顾虑，好好接受并配合治疗。例如："请您放心，我们一定会妥善处理好您这件事情的。"

5. 注意语气和态度

在安抚受伤乘客时，语气要轻柔、真切，态度要真诚，绝不能用轻视及敷衍的态度，要让乘客切实感受到工作人员在设身处地地为他们着想，真正想帮助他们解决问题，减轻痛苦。

案例模块

1. 事情经过

2011年7月5日，北京地铁4号线动物园站A口的自动扶梯发生故障，上行扶梯突然失控变为下行，导致自动扶梯上的数十名地铁乘客从高处摔落。事故共造成1人死亡，3人重伤，27人轻伤。

2014年2月17日上午，深圳某公司一名年仅35岁的女经理突然倒在了深圳地铁蛇口线水湾站出口的台阶上，事发近50分钟后，被赶去现场的120急救人员认定为已经死亡。当时从市民发现该名乘客昏倒，到前往请求救援，以及地铁工作人员赶到现场，不到5分钟时间，并且始终在现场守护，但因为缺乏急救常识和经验，未对患者采取任何急救措施。

2. 思考

乘客在乘坐地铁时，意外和疾病时有发生，如果遇到这样的情况，地铁工作人员应该怎么做？应该具备一些什么能力以便最大限度地确保乘客的生命安全？

实训模块

[实训任务]练习心肺复苏术；练习创伤止血、现场包扎、现场骨折固定和伤员搬运；分组模拟进行心理安抚练习。

[实训目的]熟练掌握心肺复苏术；掌握创伤止血、现场包扎、现场骨折固定和伤员搬运的方法；掌握受伤乘客的心理安抚技巧。

[实训要求]能在心肺复苏模型上熟练完成心肺复苏术；两人一组，能互相熟练地进行创伤止血、现场包扎、现场骨折固定和伤员搬运操作；能对伤员进行有效的心理安抚。

[实训环境]急救实训室。

[实训指导]指导学生完成心肺复苏及创伤止血、现场包扎、现场骨折固定和伤员搬运；指导学生如何进行心理安抚。

[实训考评] 心肺复苏术的操作步骤正确、操作熟练规范；创伤止血、现场包扎、现场骨折固定及伤员搬运方法正确、熟练；心理安抚恰当、有效。

课后思考

1. 什么是心肺复苏？叙述早期心肺复苏的操作步骤。
2. 创伤止血的方法有哪些？

任务三　现场保护及证据收集

学习目标

1. 掌握现场保护原则及技巧；
2. 掌握证据的类型及采集技巧。

学习任务

会运用技巧进行客伤发生时的现场保护及证据采集。

教学环境

多媒体教室。

理论模块

一、现场保护及其原则

现场保护是指对事故发生现场，保持发现时的原始状态，防止遭受变动而采取的保护措施。事故现场是追溯发生事故的原因和判断事故肇事者责任的客观物质基础。

现场保护的基本原则如下。

① 不移动、不破坏现场，必要时可设置警戒线。

② 万不得已且必须移动现场时，应先做必要的、基本的证据采集，例如拍摄现场照片、视频，用油漆（喷漆）记录被移动的人（物）原先的位置。

二、客伤事件证据的类型

在城市轨道交通运营中发生的客伤事件大部分属于民事案件。民事案件的证据类型是指《中华人民共和国民事诉讼法》规定的 8 种证据形式：当事人的陈述、书证、物证、视听资料、电子数据、证人证言、鉴定意见和勘验笔录。

结合《中华人民共和国民事诉讼法》相关司法解释及《最高人民法院关于民事诉讼证据的若干规定》，相关证据知识要点理解如下。

1. 当事人的陈述

当事人的陈述是指当事人在诉讼中就与本案有关的事实，向法院所作的陈述。

民事诉讼中的当事人一般指原告、被告、第三人。原告、被告在法庭上所说的（包括书面和口头形式）关于事件发生经过的陈述，都属于当事人的陈述。

由于当事人是民事诉讼法律关系的主体，与诉讼结果有直接利害关系，因此决定了当事人的陈述具有真实与虚假并存的可能。实践中，审判人员在运用这一证据时应注意结合本案的其他证据进行审查核实。

在诉讼过程中，一方当事人陈述的于己不利的事实，或者对于己不利的事实明确表示承认的（包括书面和口头形式），另一方当事人无须举证证明；一方当事人对于另一方当事人主张的于己不利的事实既不承认也不否认，经审判人员说明并询问后，仍然不明确表示肯定或否定的，视为对该事实的承认。

2. 书证

书证是指以文字、符号、图案形式所记载的内容或表达的思想来反映案件事实的证据。书证在形式上必须是通过文字、符号、图案等方式传达的特定思想内容。涉及的载体，多数是纸质的，也可以且不限于布质、石头、金属表面等。

书证的常见形式很多，如合同、文书、车船票、发票、结婚证、公证书、房产证等。例如，在乘客对轨道交通行业的侵权诉讼中，乘客持有的相应时段的车票，可以证明该乘客具有适格的原告身份。

3. 物证

物证是以物品本身所具备的外部特征和物质属性来反映案件事实的证据。它不受人们主观因素的制约和影响，是民事诉讼中最重要的证据之一。

常见的物证有车祸现场受损的车体、侵害他人使用的棍棒、因事故被污损的衣物、现场遗留的摔倒痕迹等。

在实践中，同一物体可能既是书证又是物证，如一份带血的书面遗嘱。

4. 视听资料

视听资料是指利用录音、录像、电子计算机储存的资料和数据等来反映案件事实的一种证据，如侵权损害现场依法安装的监控摄像头自动拍录的视频。

当事人将视听资料作为证据的，应当提供存储该视听资料的原始载体。窃听、偷录、剪接、篡改、内容失真的视听资料一般都不能作为有效的诉讼证据。

5. 电子数据

当事人以电子数据作为证据的，应当提供原件。电子数据的制作者制作的与原件一致的副本，或者直接来源于电子数据的打印件或其他可以显示、识别的输出介质视为电子数据的原件。

电子数据包括下列信息和电子文件。

① 在网页、博客、微博等网络平台发布的信息。

② 手机短信、电子邮件、即时通信、通信群组等网络应用服务通信信息。

③ 用户注册、身份认证、电子交易记录、通信记录、登录日志等信息。

④ 文档、图片、音频、视频、数字证书、计算机程序等电子文件。

⑤ 其他以数字化形式存储、处理、传输的能够证明案件事实的信息。

6. 证人证言

证人是指知晓案件事实并应当事人的要求和法院的传唤到法庭作证的人。证人就案件事实向法院所作的陈述称为证人证言。

凡是知道案件情况的单位和个人，都有义务出庭作证。具有法定事由，确实不能出庭的，经人民法院许可，可以通过书面证言、视听传输技术、视听资料等方式作证。

在证人出庭作证前，人民法院应当告知其如实作证的义务及作伪证的法律后果，并责令其签署保证书,但无民事行为能力人和限制民事行为能力人除外。

7. 鉴定意见

鉴定意见是专业人员运用其专业知识,对案件的证据材料进行分析鉴别,针对专门性问题给出意见,以作为法官判断相关证据真伪的参考依据。

当事人可以在人民法院指定期间内向人民法院提出鉴定申请,并预交鉴定费用。可申请鉴定的事项包括签名的真伪、伤残的等级、侵害当事人身体健康的瑕疵、设备和设施及车辆受损情况等。

当事人申请鉴定的,由双方当事人协商确定具备资格的鉴定人;协商不成的,由人民法院指定。当事人未申请鉴定的,人民法院对专门性问题认为需要鉴定的,应当委托具备资格的鉴定人进行鉴定。

鉴定人应当出具书面鉴定意见,在鉴定书上签名或盖章。当事人对鉴定意见有异议或者人民法院认为鉴定人有必要出庭的,鉴定人应当出庭作证,并接受质证。

8. 勘验笔录

勘验笔录是指为查明一定的事实,对与案件争议有关的现场、物品或物体依法进行查验、拍照、测量后形成的记录。

人民法院认为有必要的,可以根据当事人的申请或者依职权对物证或现场进行勘验。勘验前需在合理时间内通知当事人或其成年家属到场,并邀请当地基层组织或当事人所在单位派人参加。

有关单位和个人有义务根据人民法院的通知保护现场,协助勘验工作。

勘验人应当将勘验情况和结果制作成笔录,由勘验人、当事人和被邀参加人签名或盖章。

技术模块

一、现场保护技巧

① 应由两人或两人以上协同处理,一人负责安抚乘客,另一人着重保护现场;应尽量在完成基本取证工作的前提下挪动、搀扶受伤乘客。

② 如有必要,应在现场周围划出一定的警戒范围,避免围观者靠近现场,破坏现场痕迹和物证。同时,事故处理人员自身也应尽量减少隔离带内的行动。

③ 用照相器材及油漆(喷漆)等,记录被移动的人(物)原先的位置;必要时可制作现场图。

④ 及时要求当事人陈述事件经过,妥善保管相关资料,如口述录音、视频、书面记录等,并注意在资料中体现当事人身份信息。

⑤ 积极寻找至少两名现场目击证人,记录证人证言(录音、视频、书面证词),留下证人资料以供日后联络之用。

⑥ 在必要的取证工作完成之前,应派专人留守现场,避免现场被破坏。

二、证据采集技巧

1. 适用的归责原则

工作人员应确认客伤案件发生的地点，根据适用的归责原则，确定证据采集要点。

（1）乘客上下列车及列车运行过程中发生客伤，一般适用无过错责任原则

此类情况有乘客落轨、进入线路、车内受伤、因车门/屏蔽门开关受伤等。如果能证明乘客有故意行为或因自身健康原因，车站方可免除或减轻责任。因此，证据重在采集乘客的自身情况，可通过现场视频、当事人调查、目击者证词、乘客的医学诊断等途径收集证据。

（2）乘客在站厅、站台等城市轨道运营公司负有管理责任的区域发生客伤，一般适用过错责任原则

对自动扶梯摔伤、站内摔伤、闸机夹伤/刮伤等客伤案件，车站方、乘客方依据过错程度按比例承担相应责任，即有过错才有责任，无过错即无责任。因此，证据采集的重点是过错情形及免责情形。

2. 一般证据采集要点

（1）乘客过错情形

① 自身原因，如突发疾病、行为不当（如在自动扶梯、站台上奔跑；强行阻拦车门或屏蔽门关闭、乘坐电梯时未拉扶手等），主要采集监控视频资料、目击者证词等。

② 属特殊人群，如未成年人（见图6-22）、70岁以上老人、患重症者等，缺少监护照管人员，主要采集监控视频资料、当事人陈述、目击者证词等。注意，陈述时应先明确当事人身份信息。

图6-22 未成年人独自乘坐自动扶梯且无监护人陪护

③ 携带过长、过大行李，妨碍行动便利，注意收集行李件数、尺寸资料，应由当事人确认行李信息（签字），可拍照（人和行李）。

④ 第三方故意伤害或过失导致（见图6-23），主要采集监控视频资料、当事人陈述、目击者证词。如果构成治安案件或刑事案件，应移交有关机关处理。

图 6-23　第三方故意伤害

（2）车站方免责要点
① 列车按标准作业流程开关门的资料。
② 完善的自动扶梯检修记录，可随时备检。
③ 自动扶梯及其他设施正常运行的视频证据。
④ 尽到警示义务。例如在事故多发部位设置警示标志，设置警示人员（可用现场拍照、摄像方式采集，资料中应同时包括当事人和警示标志，以确保图片证据的效力）。
⑤ 确认客伤地点有无障碍物，有无水渍、油渍，地面扶梯处有无异状等。
⑥ 在事故发生后，应及时采取应急措施，起到救助义务，如图 6-24 和图 6-25 所示。

立即按下自动扶梯上的紧急停机按钮

图 6-24　及时采取应急措施　　　　图 6-25　及时采取救护措施

以上采集的所有资料，均应为原始资料，不可任意删改。其中，音频、视频、图片资料不得进行任何编辑。

实训模块

[实训任务]围绕设计案例，完成一次客伤事故现场维护及证据采集工作。
[实训目的]掌握基本的现场维护及证据采集技能。
[实训要求]完成设置警戒带、保留现场痕迹等现场维护操作，用拍照、摄像等方式收

集必要的证据;制作当事人陈述资料、目击者书面证词资料,制作证据目录并做好相应的记录。证据目录及证据记录表格式如表 6-1~表 6-4 所示。

表 6-1　证据目录

1.
2.
3.
4.
5.
6.
7.
8.

表 6-2　事件经过记录表(当事人)

事发时间: 　年　月　日		事发地点:	
当事人姓名:	性别:	年龄:	
身份证号码:			
联系电话:			
家庭地址:			
事件经过记录:　　　　　　　记录方式:自写（　）　口述,授权他人代写（　） ×××××××××××××××××××××××××××××××××× ×××××××××。 ×××××××××××××××××××××××××××××××××× ×××××××××。			
签名:×××　　　（手印）		时间:　年　月　日	
代写人:×××			

表 6-3　事件经过记录表(工作人员)

事发时间: 　年　月　日	事发地点:
当事人姓名:	当班岗位:
事件经过记录: ×××××××××××××××××××××××××××××××××× ×××××××××。 ×××××××××××××××××××××××××××××××××× ×××××××××。	
签名:×××　　　（手印）	时间:　年　月　日

表 6-4　事件经过记录表（目击证人）

事发时间：	年　月　日		事发地点：		
当事人姓名：		性别：		年龄：	
身份证号码：					
联系电话：					
家庭地址：					
事件经过记录： ×× ×××××××。 ×× ×××××××。					
签名：×××　　　　（手印）				时间：　　年　月　日	

[实训环境]多媒体教室。

[实训指导]要求学生事先制作流程图。

[实训考评]照片、视频、当事人陈述、目击者证词的完成情况。

课后思考

2004年9月，在某地铁站，吴××在站台追赶列车过程中因奔跑过快而不慎掉下站台，被列车轧断双腿。

2005年1月，吴××将地铁公司诉至北京市西城区人民法院（以下简称"西城法院"），索赔200余万元。11月，西城法院认定吴××具有重大过失，驳回请求。吴××上诉，2006年3月，北京市第一中级人民法院（以下简称"北京一中院"）维持判决。

2006年11月，吴××申诉，案件发回西城法院重审。2008年1月8日，西城法院判决，认定地铁公司承担无过错责任，赔偿吴×× 50余万元的经济损失和30万元的精神抚慰金。地铁公司上诉。6月，北京一中院终审维持原判。

2009年7月，经地铁公司申请，北京市检察院向北京市高级人民法院（以下简称"北京高院"）抗诉。9月，北京高院裁定案件发回西城法院重新审理，吴××此次最终索赔金额为290余万元，含假肢费用、残疾赔偿、精神损害赔偿50万元等。12月18日，西城法院认定吴××存在重大过错，从公平原则出发，地铁公司给予吴××经济补偿25万元。

本案经两次发回重审，先后做出多份内容迥异的判决或裁定，地铁公司最终胜诉，其主要证据为：地铁公司在站台区画有黄色警示线，在列车上下行方向轨道侧墙上设置了"禁止跳下"等警告标志。在吴××受伤后，地铁公司立即采取了断电、通知警方及急救中心、主动垫付住院费用等措施。

1. 以上证据的采集方式有哪些？
2. 证据所起的证明作用有哪些？

3. 如有可能，地铁公司当时还应采集哪些证据？

任务四　客伤事故调查及责任认定

学习目标

1. 了解客伤事故调查的流程；
2. 了解客伤事故责任认定的依据。

学习任务

学习客伤事故调查及责任认定。

教学环境

多媒体教室。

理论模块

一、地铁承担责任的客伤

乘客自验票进入闸机起至出闸机时止（付费区内的乘客），对运营期间发生的乘客人身伤害，轨道交通运营公司承担运输责任，包括（但不限于）以下情况。

① 设备和设施损坏未及时修复且未设置警示、防护造成的乘客人身伤害。
② 施工作业造成的乘客人身伤害。
③ 列车紧急制动造成的乘客人身伤害。
④ 公司系统范围内的垂直电梯、自动扶梯突然停止运行或启动造成的乘客人身伤害。
⑤ 屏蔽门、车门夹人造成的（乘客强行上下列车的情况除外）乘客人身伤害。
⑥ 设备和设施突然发生故障造成的乘客人身伤害。
⑦ 车站或列车内湿滑未及时清理或设置防护警示造成的（因不可抗力造成的除外）乘客人身伤害。
⑧ 闸机夹人造成的（乘客强行出闸、无票尾随出闸的情况除外）乘客人身伤害。
⑨ 其他非乘客自身责任在付费区内造成的乘客人身伤害。

对于无票人员在付费区内发生的由于以上情况造成的人身伤亡，比照乘客办理。对于无票人员和已购票的乘客在非付费区内发生的人身伤亡，因设备和设施或管理所致的，比照乘客办理；因自身原因造成的，原则上不承担责任。

但由下列原因之一造成的人员伤害，轨道交通运营公司不承担运输责任。

① 违反轨道交通运营公司运营管理办法而造成的乘客本人或他人伤害。
② 不可抗力造成的乘客人身伤害。
③ 自身健康原因造成的乘客本人或他人伤害。
④ 能证明是故意、重大过失造成的乘客本人或他人伤害。
⑤ 因第三者责任（包括斗殴或制止斗殴）造成乘客人身伤害时，受害者直接向施害

的第三者索赔，公司原则上不承担责任。

⑥ 利用车站通道穿行或在车站逗留、休息等无票人员因自身原因造成的伤亡，公司只提供基本援助，原则上不承担责任。

二、客伤事故调查

处理事故要以事实为依据，以规章为准绳，按照"四不放过"原则（事故原因没有查清不放过，事故责任者没有严肃处理不放过，防范措施没有落实不放过，广大员工没有受到教育不放过）处理事故，认真调查分析，查明原因，分清责任，吸取教训，制定对策，防止同类事故再次发生。

城市轨道交通运营公司根据客伤事故造成的人员伤亡、经济损失等后果将事故分为特别重大事故、重大事故、较大事故、一般事故、险性事故、一般事故、事故苗子。一般事故及以上的事故按照《生产安全事故报告和调查处理条例》和企业的相关规定进行等级划分和调查处理，险性事故及以下的事故则由轨道交通运营公司根据相关法律法规和规章制度开展调查工作。客伤事故调查的流程如下。

1. 成立调查组

客伤事故发生后，事故调查组自然成立。事故调查组的组成应当遵循精简、效能原则，根据具体情况，由安全生产部门负责组织相应人员参加，调查组成员应当具有事故调查所需要的知识和专长，并与所调查的事故没有直接的利害关系。

2. 现场调查

事故调查组在组长的领导下到现场进行事故调查。事故调查组到达事故现场前，车站值班站长、列车司机、行车值班员要保护现场、挽留事故见证人、保存可疑物证、查找事故线索及原因，做好记录，积极协助事故调查组做好事故调查工作。

3. 召开事故分析会

事故调查组接到书面报告后，应及时召开事故分析会。安全生产部门根据事故分析会的有关情况起草险性事故、一般事故调查报告，并报公司安全生产委员会审核。

三、调查报告的撰写

事故调查组应当自事故发生之日起 60 日内提交事故调查报告，特殊情况下可以适当延长，但延长的期限最长不超过 60 日。

事故调查报告应包括以下内容。

① 事故发生单位概况。
② 事故发生的时间、地点以及事故现场情况。
③ 事故发生的经过和事故救援情况。
④ 事故造成的人员伤亡人数（包括下落不明人员的人数）和初步估计的直接经济损失。
⑤ 事故发生的原因和事故性质。
⑥ 事故责任的认定及对事故责任者的处理建议。

⑦ 提交事故调查报告。

四、责任认定及处罚

1. 判定客伤事故责任

客伤事故的责任可划分为全部责任、主要责任、同等责任、次要责任、一定责任和无责任。

① 全部责任是指负有事故损失及其不良影响100%的责任。

② 主要责任是指负有事故损失及其不良影响60%～90%的责任。

③ 同等责任是指各方负有事故损失及其不良影响的相同份额的责任。

④ 次要责任是指负有事故损失及其不良影响30%～40%的责任。

⑤ 一定责任是指负有事故损失及其不良影响10%～20%的责任。

⑥ 如果造成事故的全部原因为轨道交通运营公司外部单位或人员导致的，则轨道交通运营公司相关中心或部门定为无责任，该事故统计为其他事故。

事故责任认定的依据是各种规章制度、办法、规定等。

2. 客伤事故的处罚与赔偿

为教育广大干部职工，避免或减少事故的发生，凡造成各类事故的责任部门的主管、直接负责人、相关负责人和事故直接责任人、主要责任人，均应按有关规定给予经济处罚或行政处分。导致事故的有关责任人，给予警告、记过或记大过处分；情节较重的，给予降级、撤职或留用察看处分；情节严重的，给予开除处分。

客伤事故发生后，车站应积极处理，如果乘客对现场处理结果不满意，则可能向轨道交通运营公司索赔，并要求以经济补偿的方式赔偿自己的损失。对于乘客提出的索赔要求，轨道交通运营公司要依据《中华人民共和国民法典》或《中华人民共和国消费者权益保护法》等法律法规来确定是否进行赔偿，同时要在保护公司利益最大化的基础上，以人为本，与乘客共同协商赔偿标准。

课后思考

1. 对于哪些情况造成的人员伤害，轨道交通运营公司不承担运输责任？

2. 当在地铁中发生责任客伤时，轨道交通运营公司应如何对乘客进行赔偿？赔偿的法律依据有哪些？

项目七 城市轨道交通客运服务理念、标准及评价

项目描述

本项目主要介绍城市轨道交通客运服务理念及客运服务标准的主要内容，要求学生能将客运服务理念运用到日常的服务工作中，并能严格按客运服务标准为乘客提供服务。

任务一 客运服务理念

学习目标

1. 了解服务理念的概念；
2. 掌握现代客运服务理念；
3. 了解客运服务有形展示。

学习任务

通过案例或现场参观体会各种现代客运服务理念的具体运用。

教学环境

多媒体教室或车站。

理论模块

一、服务理念

服务理念是指人们从事服务活动的主导思想意识，反映人们对服务活动的理性认识，是一个组织对服务工作所持有的主观认识、一贯看法和基本态度。服务理念在服务实践中逐步形成和提升，并指导服务实践活动。

服务理念对服务管理具有极其重要的意义。尊重客户，理解客户，持续提供超越客户期望的产品与服务，做客户永远的伙伴，是企业需要倡导的服务理念。例如中国移动的服务理念是：沟通从心开始。

1. 现代客运服务理念

随着服务理念的发展，很多企业都意识到"服务是奉献与获得经济利益的统一"这一新的服务理念的重要性。其主要特征体现在：视乘客为亲友；乘客永远是对的；强化现代服务理念，提升服务品位。

（1）"乘客至上"的服务理念

以乘客为中心的理念不是孤立的思想行为，而是多种理念相互作用的结果，如乘客创造市场理念、乘客创造利润理念、乘客创造质量理念、乘客创造机遇理念和乘客创造形象理念。

（2）"人性化"的服务理念

人性化服务包括基本需求的满足、不同层次需求的满足、乘客个性化需求的满足，提升服务品位。人性化服务、人文关怀、人道主义等为社会所包容，是社会发展的一个更高境界，企业应追求个性化，从亲情服务上展现人文关怀。

（3）全过程服务理念

乘客进行一次出行，从开始计划出行到到达目的地有一系列的环节，因此希望得到全过程的服务。

（4）关键时刻服务

乘客在出行过程中由于自身原因或其他客观原因在不同阶段会产生不同的需求，因此应在某些关键时刻提供不同的服务，例如，对不会使用自动售票机的乘客，在其购票时应提供引导购票的服务；对老年人等特殊乘客，在其乘降时应提供引导和搀扶服务等。

目前，各城市轨道交通运营公司的服务理念都有自己的特色。例如：上海地铁的服务理念是"打不还手，骂不还口，无礼不强争，得理要让人"；北京地铁的服务理念是"以市场为中心，以乘客需求为导向"；成都地铁的服务理念是"秉持真诚，服务大众"。

2. 客运服务承诺

（1）客运服务承诺的含义

客运服务承诺是指客运服务企业公布服务质量或效果的标准，并对乘客加以利益上的保证和担保。

（2）客运服务承诺的意义

客运服务承诺可以极大地增强客运服务企业的营销效果，提高乘客的忠诚度，促进企业员工以更大的热情投入到为乘客服务的工作中去，有利于企业营造团结向上的氛围。客运服务承诺既是对乘客的保证，也是对员工的激励，还是企业扩大市场占有率、促进利润持续增长的重要途径。

（3）客运服务承诺的形式

客运服务承诺可以通过客运服务企业的经营目标和宗旨表现出来；通过传播媒介，树立良好的企业形象；通过海报、公告等形式向乘客展示服务承诺；通过规定的形式向乘客保证；通过客运服务人员与乘客的直接接触，向乘客表达企业和客运服务人员的具体承诺。例如：某地铁的承诺是安全、准点、快捷、舒适。安全就是提供可靠的运输服务，确保地铁安全和保持良好的秩序，乘客人身伤亡责任事故为 0 件/年；准点就是 99.5%的运营列车正点运行；快捷就是将一条线的全程运行时间控制在 33 分钟以内，闸机、售票机使用的可靠性大于 95%；舒适就是确保地铁列车和车站清洁明亮，温度舒适，通风良好，列车温度在 28℃以下的时间大于 90%，车站温度在 30℃以下的时间大于 90%。

3. 客运服务理念的创新

随着经济的发展，人们的生活水平不断提高，对出行的需求也在不断发生变化，因此，服务理念不能一成不变，应该适应环境，进行一定的创新。例如：铁路旅客运输服务中的"推行无干扰服务""推行情感化服务"均是在服务过程中的理念创新；"零换乘、一站式服务"是城市公交服务的理念创新。

二、客运服务有形展示

由于客运服务不具有实物形态，不能展览，也不能陈列，其促销形式受到一定程度的影响。但运输工具、服务信息、票价、人员、服务环境等服务线索却可以实物形式存在，因此可借助这些有形的服务线索将信息传递给消费者，并对消费者进行有效的外部刺激，即客运服务有形展示是指客运服务企业借助有形要素来推销无形产品的手段。

1. 有形展示的类型

根据服务线索的特点可将客运服务的有形展示分为服务环境、服务信息、服务价格等。

（1）服务环境

服务环境是乘客能够感受到的环境刺激，影响着轨道交通运营公司的形象。例如：良好的车站设计、现代化的售票手段、舒适的候车环境、干净整洁的车厢及服务人员优雅的仪容、行为举止、语言等都可提升乘客的感受，进而提高轨道交通的吸引力。

（2）服务信息

服务信息是指为乘客出行提供直接服务帮助的有关信息，主要有列车时刻表、票价表、出行小常识、乘车须知、本城市风景名胜、生活小常识等信息。例如，乘客信息系统提供的信息即属服务信息。

（3）服务价格

服务价格是指票价。票价传递的主要是服务价值的信息，因此乘客在完成出行消费的过程后，必然会比较票价与服务质量是否相符。

2. 有形展示的作用

（1）有利于识别服务理念

在当前激烈的服务市场竞争中，服务企业越来越讲究服务理念，而抽象的服务理念可以通过有形的服务环境得到具体的提示，更有利于乘客进行识别。

（2）有利于识别服务特色

由于服务具有无形性，因此服务企业的服务特色比较难以识别，而服务环境能起到提示服务特色的作用，从而更有利于乘客识别服务特色。

（3）有利于推广新服务

由于服务具有抽象性，因此新服务推广起来比较困难，而如果将新服务推广与服务环境的设计结合起来，就可以利用服务环境的提示作用推广新服务。例如轨道交通运营公司通过计算机联网售票、自动售票机、自动检票机提示客运新服务，这些服务环境的设计越简便，相关的创新就越容易被乘客所接受。

（4）有利于烘托和提高服务质量

由于服务具有无形性，因此服务质量较难被乘客识别，而服务环境可以提示服务质量，增强其识别度。高质量的服务设施和工具，可以向乘客提示高质量的服务，即服务"硬件"的质量可以"烘托"服务本身（"软件"）的质量。另外，服务设施和工具质量的提高，也会推动服务人员提高服务质量，以便与高质量的设施和工具相适应。很多轻轨、地铁公司都开始向航空公司学习高质量的服务方法、技巧等，以提高自己的服务水准。

（5）有利于进行服务促销

服务的无形性导致服务广告比较难做。服务业的促销手段比制造业要少得多，而如果尽量发挥服务环境的信息提示作用，就可以弥补服务促销手段的不足。目前，很多车站的广告费用不足，如果能利用好现有的信息传播手段（如车站广播、列车广播、信息指示牌等），也能较好地进行服务促销。

3. 有形展示的途径

城市轨道客运服务主要通过车站、列车、线路等途径进行有形展示，其中对乘客影响较大的是车站和列车。

（1）车站的有形展示

车站是乘客旅行的第一站，是人流较为集中的地方，是企业展示服务的窗口。由于不同的车站所处的自然条件、政治经济条件、文化环境等各不相同，因此车站的设计应有不同的风格——应根据所处地理位置、文化背景和乘客的需求来设计。

车站的设计既要考虑轨道交通运营公司的整体形象，展示轨道交通运营公司的特色，也要考虑车站所处的地理位置、文化背景，成为展示城市形象的窗口，更要考虑乘客的需求，为乘客创造舒适、方便的购票、候车环境。

车站的有形展示应包括信息的展示、现代化服务手段的展示、文化氛围的展示等。

① 信息的展示方面，应完善车站指示牌、宣传公益信息、建立信息查询系统。目前，大多数车站的服务信息通过指示牌的形式向乘客展示，因此，车站必须在醒目的位置设置介绍车站布局、服务信息等的指示牌，并且指示牌要做到美观大方、内容表示准确、信息更新及时、乘客阅读方便。同时，在一些外国人乘车较多的车站，应设置双语平面引导系统，以方便乘客乘车。

轨道交通具有很强的公益性，因此，对车站信息的宣传也应从公益角度出发，除可利用信息平台发布信息外，还可在报纸、电台、电视台等媒体发布与公众利益相关的信息，更好地展示企业良好的社会形象。

传统的信息传递途径主要是车站广播、人工问询、张贴通告等，虽有其优越性，但在信息爆炸的现代社会显然有其不足。因此，除了要靠传统途径来传递信息外，还要靠现代化的传播手段来传递信息。例如：通过电子触摸屏、电子显示屏、多媒体等现代化手段的揭示引导系统来展示票价表、时刻表、服务承诺、服务信息等，对乘客进行有效的视觉、听觉刺激，激发乘客的购买欲望，方便乘客旅行。

② 现代化的服务手段，如计算机联网售票、自动售票机售票、自动检票机检票、危险品检查仪、残疾人专用电梯等在企业的广泛使用，一方面可提高运输服务的效率，给乘客带来便利，另一方面可体现企业服务的现代化水平。因此，必须充分展示现代化服务手段，让乘客能直接感受到实实在在的高水平服务。

③ 服务场所除应实现其服务功能外，还应增加文化氛围，提升服务档次，如通过布置绿化、播放音乐来展示良好的企业文化。

"三分长相，七分打扮"，端庄的仪容、大方的仪表和得体的仪态能弥补自身的某些不足，更好地展现自我。"服务员是永远的微笑者"这句话恰当地体现了熟练的服务人员在应对乘客时那种轻松自如的愉快心态。一个关爱的眼神、一张真诚的笑脸、一个训练有素的动作，就像无声的语言，成为企业服务中一道独特的风景。服务没有最好，只有更好。只有不断学习，掌握丰富的知识，提高自身的综合素质，才能更好地为乘客服务。

（2）列车的有形展示

列车外部的颜色应鲜明，外形应采用符合美学和科学的流线型；内部既要方便实用，又要和谐美观。色彩的选用既要高雅大方，又不能带给乘客强烈的视觉刺激，以免引起乘客的烦躁和不安；设施布置整洁和统一，不能凌乱和单调；适当布置乘车指南、乘车文明公约、书画和摄影作品，营造文化氛围，传播社会主义精神文明；向乘客发送服务指南，向乘客展示服务项目和标准，有条件的列车可设闭路电视，用于播放安全常识、旅行知识、新闻等。

三、客运服务品牌策略

品牌是生产经营者结合自己的产品规定的商业名称和标志，是一个名称（名词）、术语、标记、符号或它们的组合，用于区别本企业与其他企业的产品或劳务。

服务品牌是指服务机构、服务岗位、服务人员、服务生产线、服务活动、服务环境、服务设施、服务工具乃至服务对象的名称或其他标志，是一个涵盖很广的概念。

1. 品牌的表现形式

（1）硬件措施

随着各大中城市轨道交通的快速修建，客流与日俱增，因此轨道交通运营公司应挖潜如何增效，通过列车扩编、增加列车上线数、改造终点站、提高折返能力等方法持续提升运输能力。从设备使用情况来看，可通过梳理设备检修规程来提高设备和设施的可靠性。例如，在试运营阶段就针对各种设备的使用情况积极收集乘客的反馈信息，将设备的故障率降到允许值范围内。另外，也可通过制订车站整容和整洁方案（包括车辆通风和空调系数更改、广播及传输系统扩容、增设公用卫生间等），从硬件设施上优化乘车环境，创造舒适的乘车条件。

（2）软件措施

轨道交通运营公司的员工应具备良好的职业习惯、严格的职业纪律、精湛的职业技能，以提供超值服务为标准。因为只有提供超越乘客期望的服务，才能给乘客留下深刻的印象。

这使得公司不仅要提醒员工注意日常言行，而且要引导员工将服务意识渗透在每项工作的每个环节上，使员工认识到平凡的服务工作不能以工时来衡量的重要性，要以提供超越乘客期望值，使乘客获得全方位超值服务为最高标准，以"察言观色"的特殊本领服务乘客。

引入各类在具体工作中产生的行之有效的先进操作方法、特色服务创新举措等，例如：提供雨伞，提供饮用水，关爱老年人（对其多一声问候、多一下搀扶）等；针对地铁乘客较多的特点，可通过宣传车次路线、免费赠送地铁报、时刻表等方式开展产品广告宣传；定期针对各站周边情况开展既能发扬文化又能树立地铁企业形象的特色活动。这些都会使得轨道交通客运环境舒适、服务优质、便利周到、人性关怀等优势深入人心，有利于塑造城市轨道交通客运服务的良好形象，打造优质品牌。

2. 品牌的作用

品牌是一种识别标志、一种精神象征、一种价值理念，是品质优异的核心体现。

（1）品牌对企业的作用

品牌对企业有四大作用。

① 维权。通过注册专利和商标，品牌可以受到法律的保护，防止他人损害品牌的声誉或非法盗用品牌。

② 增值。品牌是企业的一种无形资产，它的个性、品质等特征都能影响到产品的价值。即使是同样的产品，贴上不同的品牌标志，也会产生悬殊的价格。

③ 形象塑造。品牌是企业塑造形象、提升知名度和美誉度的基石，在产品同质化的今天，可为企业和产品赋予个性、文化等许多特殊的意义。

④ 降低成本。平均而言，赢得一个新客户的成本是保持一个既有客户的成本的 6 倍，而品牌则可以通过使乘客建立品牌偏好，有效降低宣传成本和新产品开发成本。

（2）品牌对客户的作用

对客户来说，品牌有五大作用。

① 识别。品牌可以帮助客户辨认出品牌的制造商、产地等基本要素，从而区别于同类产品。

② 导购。品牌可以帮助客户迅速找到所需要的产品，从而减少客户在搜寻过程中花费的时间和精力。

③ 契约。品牌是为客户提供稳定、优质的产品和服务的保障，客户则用长期忠诚的购买行为回报企业，双方最终通过品牌形成一种相互信任的契约关系。

④ 降低购买风险。客户希望购买到自己满意的产品，同时还希望得到别人的认同，而选择信誉良好的品牌可以降低精神风险和金钱风险。

⑤ 个性展现。经过多年的发展，品牌能积累独特的个性和丰富的内涵，而客户通过购买与自己的个性和气质相吻合的品牌来展现自我。

3. 客运服务品牌名称和标志

客运服务品牌名称（如示范车站、示范岗、精品列车）和标志（如图 7-1 所示为部分城市地铁企业的标志）都应能反映企业或产品与众不同，应与产品密切联系，暗示产品的效用或质量，同时要简洁明快，易于识别和记忆，有良好的视觉形象。

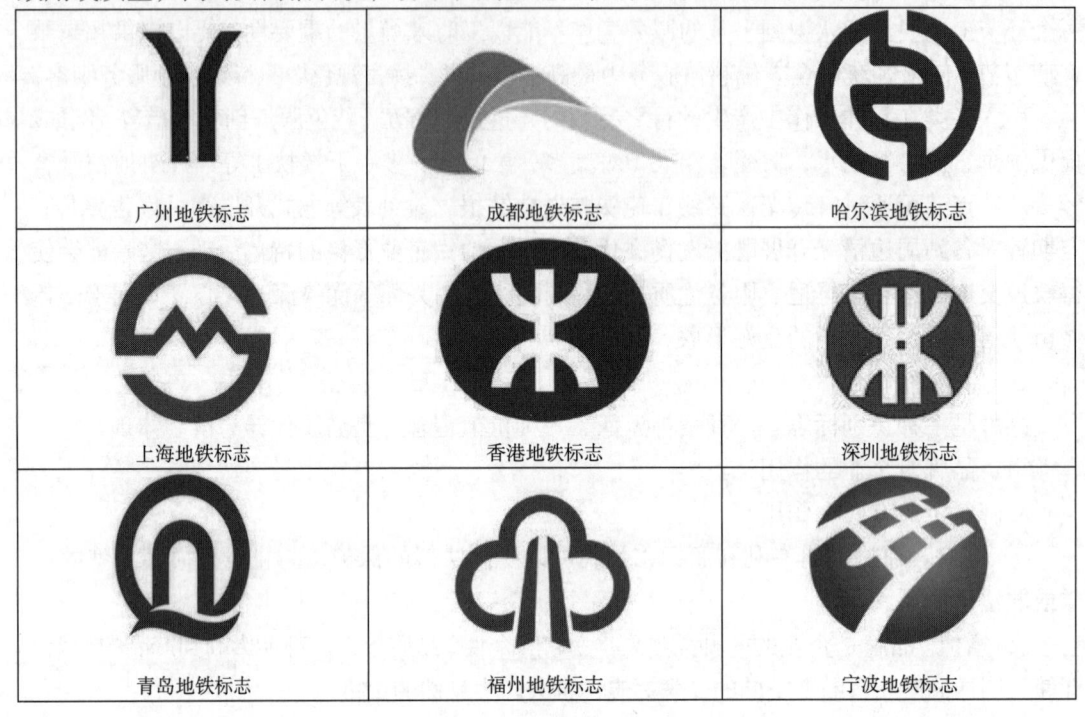

广州地铁标志	成都地铁标志	哈尔滨地铁标志
上海地铁标志	香港地铁标志	深圳地铁标志
青岛地铁标志	福州地铁标志	宁波地铁标志

图 7-1　部分城市地铁企业的标志

实训模块

[实训任务]设计你所心仪的地铁企业标志，可以根据当地的特点来设计。

[实训目的]了解标志设计的原则。

[实训要求]要求颜色鲜艳，并写出设计意图。

[实训环境]多媒体教室。

[实训指导]指导学生在设计过程中将设计意图融入标志中。

[实训考评]标志是否能反映设计意图及服务理念。

课后思考

1. 课后查找我国省会城市轨道交通运营公司的服务标志，分析它们分别体现了什么样的服务理念。

2. 假设你所在的城市要修建地铁，请为其设计一个 Logo，并说明设计意图。

任务二　客运服务标准

学习目标

1. 理解服务标准的含义及其制定依据；

2. 掌握城市轨道交通客运服务标准的主要内容。

学习任务

掌握城市轨道交通客运服务的国家标准和企业标准。

教学环境

多媒体教室。

理论模块

一、客运服务标准及其分类

1. 客运服务标准和客运服务标准化

服务标准是针对客运服务工作中大量重复进行的作业、程序和方法，以现行规章为依据，利用科学原理，在深入调查研究、认真总结先进经验的基础上，遵循有关规定，为保证安全运输和提高客运服务质量而做出的统一规定。

服务标准化是客运服务部门推行标准化活动的总称，是客运部门制定和发布服务标准，贯彻、落实和实施标准，不断完善服务标准的全过程。

2. 客运服务标准的分类

我国的服务标准是一个既覆盖全国又层次分明的标准体系。其依据《中华人民共和国标准化法》的规定，按照适用范围可分为国家标准、行业标准、地方标准和企业标准4个层次，各个层次之间有一定的依从关系和内在联系。

（1）国家标准

国家标准是指由国家标准化主管机构批准发布，对全国经济、技术发展具有重大意义，且在全国范围内统一施行的标准。国家标准由国务院标准化行政主管部门编制计划，协调项目分工，组织制定（含修订），统一审批、编号和发布。国家标准的名称一般以"G"开头。

（2）行业标准

行业标准是在全国某个行业范围内统一施行的标准，由行业标准归口部门统一管理。对没有国家标准而又需要在全国某个行业范围内统一的技术要求，可以制定行业标准。行业标准由国务院有关行政主管部门制定，并报国务院标准化行政主管部门备案。在公布国家标准之后，该项行业标准即行废止。

（3）地方标准

地方标准又称为区域标准，对没有国家标准和行业标准而又需要在省、自治区、直辖市范围内统一的工业产品的安全、卫生要求，可以制定地方标准。地方标准由省、自治区、直辖市标准化行政主管部门制定，并报国务院标准化行政主管部门和国务院有关行政主管部门备案，在公布国家标准或行业标准之后，该项地方标准即行废止。

（4）企业标准

企业标准是针对企业范围内需要协调、统一的技术要求、管理要求和工作要求所制定的标准。企业标准是我国标准体系中最低层次的标准，但这不是依据标准的技术水平高低来划分的，而是依据标准的权威性来划分的。企业标准由企业制定，由企业法人代表或法人代表授权的主管领导批准和发布。企业标准的名称一般以"Q"开头。《中华人民共和国标准化法》规定：企业生产的产品没有国家标准和行业标准的，应当制定企业标准作为组织生产的依据。企业的产品标准须报当地政府标准化行政主管部门和有关行政主管部门备案。已有国家标准或者行业标准的，国家鼓励企业制定严于国家标准或者行业标准的企业标准，允许在企业内部使用。

二、客运服务国家标准

中华人民共和国国家标准《城市轨道交通客运服务》（GB/T 22486—2008）主要适用于全封闭线路上运行的城市轨道交通系统的客运服务，其他城市轨道交通系统的客运服务可参照执行。该标准主要涉及城市轨道交通客运服务的基本要求、服务管理、服务质量、服务设施、服务安全、服务环境等方面的内容。

1. 基本要求

① 服务组织应以安全、准时、便捷、舒适、文明为目标，为乘客提供持续改进的服务。

② 服务组织应为乘客提供符合服务规范的服务设施、候车环境和乘车环境。

③ 服务组织应为乘客提供规范、有效、及时的信息，在非正常运营状态下，应为乘客提供必要的指导信息。

④ 服务组织应向残障等特殊乘客提供相应的服务。

⑤ 服务组织为乘客提供的公益或商业服务应以方便乘客、提高服务质量为原则，保证客运服务质量不受影响。

2. 服务管理

① 服务组织应制定相应的规章制度，建立服务质量管理体系。

② 服务人员上岗前应经过岗位培训，并取得上岗资格，在岗人员应掌握本岗位业务技能，胜任本职工作。

③ 服务组织应定期进行服务的自我考核评价，可通过第三方独立进行服务评价；服务组织应根据评价结论不断改进服务。

3. 服务质量

① 导乘服务：车站的醒目位置应公布乘车常识和注意事项；必要时，应通过广播等方式向乘客宣传乘车常识和注意事项；车站出入口、售票处等的醒目处应公示本车站首末车时间，以及公布列车间隔时间、各车站运行时间等信息。

② 问询服务：应提供现场问询服务和远程问询服务。

③ 特殊服务：对残障等乘客应提供必要的服务，协助其顺利乘车；当遇到乘客身体不适时，应提供必要的帮助或拨打救助电话。

④ 应急服务：应以保障乘客人身安全为首要目标，分别就运营事故、重大活动、政府管制、恶劣天气、乘客伤亡、事故灾难等影响城市轨道交通正常运营的突发事件制定应

急服务预案，并适时启动。

⑤ 服务用语：员工在对乘客服务时应使用普通话，做到字正腔圆，吐字清晰，声调柔和；员工应努力提高自身外语水平，在对不使用汉语的乘客服务时，可以借助乘客服务区内的指示牌等设施完成服务目标；与乘客交谈或使用人工广播时，应随时注意保持对乘客的尊敬，聆听乘客发言时应不时微笑点头，表示对乘客意见的重视。交谈过程中应目视乘客，严禁边做手中的工作边和乘客交谈，严禁在与乘客交谈时心不在焉；多使用敬语，做到"十字文明服务用语"（您好、请、谢谢、对不起、再见）不离口。公司应根据本地区的特点提出服务忌语，对服务人员进行相关培训。

⑥ 服务行为：应按规定着装，正确佩戴服务标志，坚守岗位，严格遵守规章制度，做到精神饱满、端庄大方、举止文明和动作规范。

⑦ 服务承诺与监督：服务组织应向乘客做出服务承诺，并通过多种方式向乘客和社会公布（服务承诺至少包括列车准点率、列车运行图兑现率和有效乘客投诉回复率）。例如，某地铁向社会公布的服务承诺包括：列车准点率大于 98%；列车运行图兑现率大于 99%；有效乘客投诉率小于 0.0003%；有效乘客投诉回复率为 100%（7 个工作日内回复）；乘客满意率大于 80%（对服务满意的人数占接受服务的总人数的百分比）；自动售票机可靠度大于 98%；自动充值机可靠度大于 98%；出入闸机可靠度大于 99%；自动扶梯可靠度大于 98%；垂直电梯可靠度大于 98%。

4. 服务设施

① 各种设备和设施及临时导向标志要统一布置、摆放端正，保持清洁明亮；自制临时标志要版式正确，内容清晰，放置位置正确。

② 横幅和标语按要求在固定位置悬挂，必须平整、干净，不得有缺角和破损。

③ 各种临时标志、宣传画、横幅、标语等在车站公共区摆放的物品应按规定的审批手续审批后，在规定位置和时间内按标准张贴和摆放，到期后及时拆除。

④ 所有告示必须采用统一的格式，除紧急情况外，不得手写，不得出现病句、错别字和不规范文字。临时告示必须在规定位置张贴和摆放。

⑤ 公共区的宣传品应平整和美观，色泽鲜亮，不得有破损、卷边、褪色等现象，残旧内容应及时更换。

⑥ 各种临时标志、宣传画、横幅、标语、告示等宣传品的规格、格式应参考相关规定。中英文标志应符合中华人民共和国国家标准《城市轨道交通客运服务标志》（GB/T 18574—2008）的规定。

5. 服务安全

① 安全服务设施应保持 100%的可用性；发生火灾时供公众疏散使用的且平时需要关闭的疏散门，应确保发生火灾时不需要任何器具便易于手动迅速开启。

② 列车客室内应设置乘客手动报警或与司机或车站控制室通话的装置，紧急情况下乘客可向司机或车站控制室报警。

③ 服务组织应向乘客进行安全宣传，定期组织应急疏散演习。

6. 服务环境

① 地面、台阶及乘客候车的椅子无痰迹、无垃圾、无尘土、无保洁用具、无商铺物品等堆放物；站台屏蔽门、墙、柱、门、窗无痰迹、无印迹、无泥点、无黑灰；边、角、棱、沿无黑灰、无塌灰、无蛛网；垃圾箱周围不得有污迹和杂物，箱体外部不得有污垢，箱内杂物不得超过箱口。

② 乘客服务区范围内的保洁用具、商铺物品、备品备件等应放置在指定区域。

③ 客服中心、临时售票亭、票务管理室、车控室、站长室、站务室、会议室等房间内的物品应按规定摆放整齐，台面无杂物（包括水杯、饮料瓶、抹布等）和积尘，亭壁和玻璃干净无污渍、无油渍、无胶渍、无不标准张贴物等。

④ 车站管理区域内无乱停车辆，无摆卖摊贩，无乞讨卖艺等闲杂人聚集。

⑤ 各出入口5米范围内必须保持整洁，地面、墙壁、玻璃等处无乱张贴和涂写现象，无杂物堵塞通道。

⑥ 出入口及公共区的自动扶梯表面干净整洁，扶手带和挡板无灰尘，梯级上无垃圾、无杂物。

⑦ 列车环境卫生标准参考车站卫生标准。

三、客运服务企业标准

根据性质不同可将客运服务企业标准分为工作标准（如岗位职责、作业流程等）、作业标准（如售票作业标准、接发列车作业标准等）和管理标准（如管理制度、票务政策等）；根据标准规定的对象不同可将客运服务企业标准分为硬件标准（如设备和设施应达到的可靠度等）、软件标准（如支持设备的软件系统版本等）和人员服务标准（如仪容仪表、语言行为等）。

以某地铁公司为例，其客运服务标准由通用服务标准、各岗位服务标准、乘客事务处理标准、公共区违章行为处理标准及应急状态服务标准5个部分的内容组成，具体内容如下。

1. 通用服务标准

通用服务标准包括服务思想标准（服务理念、服务承诺、服务方针和服务行为）、员工道德标准、服务态度标准、员工形体标准、员工着装标准、服务语言标准、员工个人卫生标准、环境卫生标准、服务设施标准等。

2. 各岗位服务标准

各岗位服务标准包括3个站务员岗位的服务要求、服务技巧及服务标准用语，值班员岗位的服务要求及值班站长的岗位要求，乘务人员的岗位要求，服务热线工作人员的基本职责，维修人员的基本职责，保安的工作要求，保洁员的基本职责及服务要求，委外人员的工作要求等。

3. 乘客事务处理标准

乘客事务处理标准包括乘客事务处理原则及要求、乘客事务处理程序、乘客遗失品的处理制度等。

4. 公共区违章行为处理标准

公共区违章行为处理标准包括违反相关规定的处理标准及违法行为的处理标准。

5. 应急状态服务标准

应急状态服务标准主要规定了应急状态下的服务、票务要求。

课后思考

1. 城市轨道交通客运服务质量的国家标准、行业标准及企业标准有什么区别？分别举例说明。
2. 城市轨道交通客运服务质量的国家标准和企业标准包括哪些内容？

任务三　客运服务评价

学习目标

1. 掌握城市轨道交通客运服务评价的内容和指标；
2. 掌握服务质量评价的方法；

学习任务

通过设计调查问卷理解客运服务评价的方法和效果。

教学环境

多媒体教室或客服实训教室。

理论模块

一、城市轨道交通客运服务的含义及其特点

服务是为满足顾客需要，供方和顾客之间接触的活动及供方内部活动所产生的结果。城市轨道交通客运服务是指为使用城市轨道交通出行的乘客提供服务时，客运服务人员与乘客之间接触的活动及轨道交通系统内部的活动所产生的结果。

城市轨道交通客运服务具备服务的共同特性，即无形性、个性化、实时性及易变性，还具备自己独特的性质，即相关性、稳定性、单一性、先进性等。

① 相关性是指城市轨道交通服务的因素之间是相互影响、相互制约的，某一因素的变化会带动其他因素的相应变化，形成新的服务环境。

② 稳定性主要是指基础设施的相对稳定性，无论客流量是多少、盈利状况如何，城市轨道交通运营公司作为公益性企业都必须经营，还要保持一定的服务水平。

③ 单一性是指消费地点只能固定在某一个城市及其周边较小的范围内。

④ 先进性是指城市轨道交通系统大多采用当今世界上较先进的自动控制系统、设备和设施。

二、城市轨道交通客运服务评价的内容和指标

城市轨道交通运营公司应建立服务监督制度,将服务评价纳入日常工作的评价、考核体系。对外,应接受社会对自身服务的监督,设置服务监督机构,公布服务监督电话和服务监督机构的通信地址;对内,应定期进行自我服务评价,每年的自我评价次数应不少于一次,评价结果应在车站公示栏内公示,并向社会公布;同时应定期委托第三方进行评价,评价结果应在车站公示栏内公示,并向社会公布。对不合格的服务项目,公司应进行改进,并把改进结果记录存档。

客运服务评价一般包括服务质量、服务设施、服务安全、服务环境等方面的内容,每类评价通常都需要设置合理的指标。例如,服务质量和服务设施评价指标如下。

1. 服务质量评价指标

服务质量评价指标主要是指列车准点率、列车运行图兑现率、有效乘客投诉率、有效乘客投诉回复率等。

列车准点率是准点列车次数与全部开行列车次数之比,用以表示运营列车按规定时间准点运行的程度。计算公式如下:

$$列车准点率 = \frac{准点列车次数}{全部开行列车次数} \times 100\%$$

列车运行图兑现率是实际开行列车数与运行图图定开行列车数之比。实际开行列车数中不包括临时加开的列车数。计算公式如下:

$$列车运行图兑现率 = \frac{实际开行列车数}{运行图图定开行列车数} \times 100\%$$

有效乘客投诉率是统计周期内有效乘客投诉次数与客运量之比。计算公式如下:

$$有效乘客投诉率 = \frac{有效乘客投诉次数}{客运量} \times 100\%$$

有效乘客投诉回复率是已回复的有效乘客投诉次数与有效乘客投诉次数之比。计算公式如下:

$$有效乘客投诉回复率 = \frac{已回复的有效乘客投诉次数}{有效乘客投诉次数} \times 100\%$$

2. 服务设施评价指标

服务设施评价指标主要是指售检票设备、自动扶梯、垂直电梯、乘客信息系统等的可靠度。

设施可靠度是设施实际服务时间与设施应服务时间之比。计算公式如下:

$$设施可靠度 = \frac{设施实际服务时间}{设施应服务时间} \times 100\%$$

技术模块

1. 服务质量评价概述

服务质量评价是指用定性或定量的方法了解顾客对服务的期望,并将其与已提供的服务水平进行比较,找出其中的差距,为进一步提高服务质量奠定基础。

根据服务质量评价主体的不同，城市轨道交通企业的服务质量评价一般有企业自我评价、乘客评价及第三方评价。城市轨道交通企业进行的服务质量评价属于行业或企业内部的管理性评价，主要依据企业制定的服务质量标准对提供的服务进行定期或不定期检查来实现；乘客进行的服务质量评价属于行业或企业外部的管理性评价，是企业组织乘客对服务质量进行的评价，乘客一般通过对整个服务过程和结果的感知与期望的比较来实现该项评价；第三方评价是指社会上一个中立的专业评价机构，站在乘客和企业之外的第三方来客观、公正地对城市轨道交通企业的服务质量进行评价，最终得出结论的评价活动。第三方服务质量评价既不受企业方条例的约束，也不受乘客方主观意识的左右，故得出的结论较为真实、客观，其基本流程如图7-2所示。

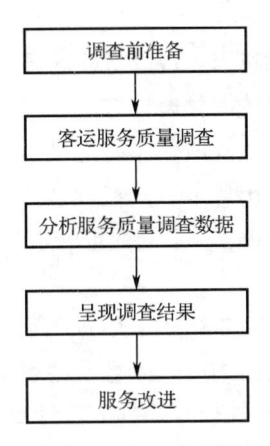

```
调查前准备
    ↓
客运服务质量调查
    ↓
分析服务质量调查数据
    ↓
呈现调查结果
    ↓
服务改进
```

图 7-2 第三方服务质量评价的基本流程

服务质量评价的客体是构成客运服务质量的全部内容和作业环节。

服务质量评价通常采用乘客满意度评价的方法来计算乘客满意度指数。

2. 乘客满意度评价

乘客满意度是指乘客通过对城市轨道交通服务的感知效果（结果）与其期望相比较后所形成的愉悦或失望的感觉状态。乘客满意度评价是指通过抽样调查、收集和统计分析来获得乘客的感知与期望，采取科学的计算方法来衡量城市轨道交通企业所提供的服务与乘客期望之间的差异。乘客满意度评价是目前应用广泛的一种评价服务质量的方法，是一种站在乘客角度实施评价的方法，因此对实现城市轨道交通"以人为本"的服务理念具有重要的意义。

（1）乘客满意度评价的内容

乘客满意度评价的内容包括城市轨道交通系统内的设备和设施、人员服务、环境卫生、安全保障、信息宣传、商业环境等。

（2）乘客满意度评价的步骤

① 确定评价指标。评价指标的建立应该从乘客的需求出发，确定对乘客评价影响较大的指标及其权重。评价指标包括导向指引、是否整洁舒适、是否准时快捷、安全保障、

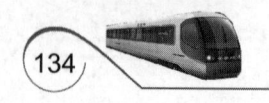

票务服务、设备和设施、人员服务、信息宣传、商业环境九大方面。

② 确定指标的权重。因为每项指标在评价体系中的重要性不同，因此需要赋予不同的权重，即加权。加权方法除了有主观赋权法以外，还有直接比较法、对偶比较法、德尔菲法、层次分析法，企业可以依据评价人员的经验和专业知识选择适用的方法。

③ 确定评价对象。根据调查的目的，在进行满意度评价时应该先确定要调查的乘客群体，以便有针对性地设计问卷。一般来说，评价对象可以按照社会人口特征（性别、年龄、文化程度、职业、居住地等）、消费行为特征（心理和行为特征）、购买经历来分类。

④ 设计问卷。按照已经建立的乘客满意度评价指标体系设计问卷上的问题。问卷设计是评价的关键。

针对城市轨道交通客运服务的特点，可以将问卷调查表设计为车站调查问卷和列车调查问卷。进行问卷设计时，可采用结构化设计方法，问卷上的问题为封闭式提问和开放式提问，通过现场发放问卷并回收的方式收集乘客对城市轨道交通客运服务的评价信息。

问卷设计是整个评价工作的关键环节，其特点是针对评价指标，充分、真实地反馈乘客信息，为模型计算、统计分析提供第一手的数据和资料，因此评价结果是否准确、有效，在很大程度上取决于此。

⑤ 实施调查及数据整理。问卷调查的目的在于通过抽样调查的方法获取真正反映乘客感受和期望的数据，以图示或表格的方式来直观地表示出整理的数据。

⑥ 计算乘客满意度指数。采用加权平均的方法计算乘客满意度指数。

⑦ 撰写评价报告。

案例模块

以铁路旅客满意度评价为例学习如何进行城市轨道交通乘客满意度评价。

一、评价指标体系的构建

1. 指标体系的层次

在查阅国内外相关文献资料和前期研究的基础上，结合我国铁路旅客服务的实际状况和服务流程等，可构建出旅客评价指标体系。首先构建指标体系的前3个层次（总测评指标、一级指标、二级指标），铁路旅客满意度为总测评指标，同时根据旅客评价满意度的含义及客运服务的特点设计3个一级指标，即服务基本环境、服务人员素质和服务补救水平。将一级指标进一步展开，构成可以直接评价的二级指标，共13个，即乘坐环境和硬件设施，购票方式和等候时间，出行的经济性，出行的安全性，列车运行正点，铁路车站和列车（以下简称"站车"）服务项目，仪容举止，服务意识，服务技能，重视旅客抱怨和投诉，耐心解释、真诚道歉，合理经济补偿，服务系统改善，如图7-3所示。

```
                          ┌ 乘坐环境和硬件设施
                          │ 购票方式和等候时间
                ┌ 服务基本环境 ┤ 出行的经济性
                │          │ 出行的安全性
旅                │          │ 列车运行正点
客                │          └ 站车服务项目
对                │
客                │          ┌ 仪容举止
运   ┤ 服务人员素质 ┤ 服务意识
服                │          └ 服务技能
务                │
的                │          ┌ 重视旅客抱怨和投诉
评                │          │ 耐心解释、真诚道歉
价                └ 服务补救水平 ┤ 合理经济补偿
                           └ 服务系统改善
```

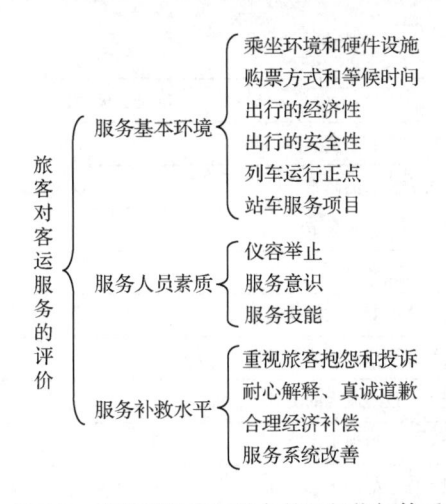

图 7-3 旅客评价客运服务的二级指标体系

2. 三级评价指标的构建

将二级指标继续展开，形成旅客评价客运服务的 50 个三级指标，如表 7-1 所示。

表 7-1 旅客评价客运服务的三级指标

二 级 指 标	三 级 指 标
乘坐环境和硬件设施	站车设施是否齐全、能否满足出行需要
	站车是否整洁
	环境是否舒适
购票方式和等候时间	站内和其他（电话、网络、代售）售票方式是否方便
	售票信息的发布是否及时、准确
	列车种类能否满足乘客需求
	购票成功的等候时间
	春节、劳动节、国庆节期间购票的难易程度
出行的经济性	和其他运输方式相比，票价是否合理
	列车运行速度是否满足出行要求
	站车商品销售价格是否合理
出行的安全性	站车乘降组织是否有序
	安全提示和安全检查是否到位
	列车运行的事故发生率
	人身和财产的事故发生率
列车运行正点	列车出发时刻正点
	列车到达时刻正点
	列车运行时刻正点
站车服务项目	基本满足型服务项目的提供（如问询、厕所设置等）
	其他型服务项目的提供（如茶座、站车文化活动等）

续表

二级指标	三级指标
仪容举止	仪容大方，态度热情
	行为举止自然高雅
	服务用语礼貌规范
服务意识	能坚持旅客至上
	明确自己对于旅客是服务者
	能够预测旅客的旅行需求
	能主动发现旅客的困难并帮助旅客加以解决
服务技能	能持之以恒地提供服务
	服务作业标准
	服务程序规范
	心理状态健康
重视旅客抱怨和投诉	认真倾听旅客的意见和要求，不无端指责旅客要求过高
	能代表铁路而不是服务人员个人接受旅客意见
	不回避铁路的服务承诺与责任
	及时受理并尽快回复
	给予旅客足够的时间
耐心解释、真诚道歉	为旅客解释铁路客运服务的相关规定和政策
	承认目前服务中存在的问题
	对自身的错误行为进行及时、真诚的道歉，直到使旅客感到满意
	对旅客自身的过高要求耐心解释
合理经济补偿	能针对铁路自身的失误对旅客进行有依据的合理补偿
	经济补偿标准明确
	经济补偿程序简单明了
	经济补偿能够及时实现
服务系统改善	同类问题不再出现
	更加重视旅客需求并能设法满足
	能做出新的服务承诺
	服务标准得到改善，进而更加合理
	对于经常出现的问题，能改善自己的内部服务系统

二、调查问卷的设计

1. 设计的原则和思路

① 在问卷设计上要尊重旅客，要体现调查的客观性和科学性。

② 由于三级指标多达 50 个，而且旅客在车站环境下出行时间较紧迫，心情比较焦急，因此选用三级指标来设计问卷时很容易导致旅客不能准确做完，而且拒绝接受调查的比例

较高。在正式调查前的预调查中，按照 50 个三级指标设计的问卷，旅客同意接受调查的比例不到被问询数的 1/5，不能全面反映旅客评价。所以问卷应根据二级评价指标来设计，同时通过旅客对三级评价指标的阅读，根据自己的实际感受做出对二级指标问题的选择。

③ 对三级指标的研究主要通过调查人员对旅客的访谈和参考其他部门和学者的已有研究成果来实现。

④ 旅客没有经历过的指标，采用情景模拟实验法对旅客进行调查。为了使被访旅客更主动地融入调查情景，以保证答案的效度，应将旅客即将乘坐的车次的内容纳入问卷的情景设计中。

⑤ 为了减少甚至避免被访旅客在回答问卷时可能出现的偏差，调查以××机构研究的名义进行，以确保旅客的中立性。

⑥ 由于调查选择在站车范围内进行，旅客在回答问卷时有时间上的限制，不能占用旅客太多时间，所以问卷设计采用封闭式问题（又称选择式问题）形式，便于调查和计算机处理数据。

⑦ 问卷的标度方法。调查问卷采用 Likert（李克特）标度法，将应答的标度分成 5 级。一般认为，分级越多，要求调查对象的分辨能力越强，而且分级的数量常常与信度有关。例如，分级数量为 7~10 时，信度减少得很少；分级数量为 5 时，信度减少 12%；分级数量为 2 时（是/否应答），信度减少 35%。标准的 5 级 Likert 标度法具有易于操作、比是/否应答更为敏感、信度损失不明显等优点。在研究中，可根据铁路旅客群的分布特点，在问卷中把应答选项设计为很满意、满意、基本满意、不满意、很不满意。

2. 问卷的形式

根据旅客评价指标体系和以上问卷设计的原则和思路，特设计出如表 7-2 所示的调查问卷。

表 7-2　铁路旅客运输服务状况问卷调查表

尊敬的旅客，为了更好地测评铁路旅客服务水平，以便以后能为您提供更优质的服务，我们真诚地邀请您参加本次问卷调查，保证对您的回答和相关资料严格保密，并真诚地感谢您的参与。
1. 您的年龄： □≥50 岁；　　□36~49 岁；　　□≤35 岁
2. 您的月收入情况： □≥3000 元；　　□1501~2999 元；　　□≤1500 元
3. 您对铁路车站、列车的环境和设施是否满意？ □很满意；　　□满意；　　□基本满意；　　□不满意；　　□很不满意
4. 您在购买车票时对可供选择的购票方式和等待时间的长短是否满意？ □很满意；　　□满意；　　□基本满意；　　□不满意；　　□很不满意
5. 和其他运输形式相比，您对选择铁路出行的经济性是否满意？ □很满意；　　□满意；　　□基本满意；　　□不满意；　　□很不满意
6. 您对铁路所提供的人身、财产的安全保障是否满意？ □很满意；　　□满意；　　□基本满意；　　□不满意；　　□很不满意
7. 您对每次出行所乘列车的运行正点率是否满意？ □很满意；　　□满意；　　□基本满意；　　□不满意；　　□很不满意

续表

8. 铁路给您出行提供的服务项目种类是否让您满意？
   □很满意；　　□满意；　　□基本满意；　　□不满意；　　□很不满意
9. 当您乘坐火车时，车站、列车服务人员的仪容举止是否让您满意？
   □很满意；　　□满意；　　□基本满意；　　□不满意；　　□很不满意
10. 您对铁路客运服务部门和服务人员的服务意识是否满意？
    □很满意；　　□满意；　　□基本满意；　　□不满意；　　□很不满意
11. 您对服务人员的服务技能水平是否满意？
    □很满意；　　□满意；　　□基本满意；　　□不满意；　　□很不满意
12. 铁路客运服务部门和服务人员对您和其他旅客的抱怨和投诉的重视程度是否每次都让您满意？
    □很满意；　　□满意；　　□基本满意；　　□不满意；　　□很不满意
13. 当您和其他旅客进行抱怨或投诉后，铁路的解释和道歉是否每次都让您满意？
    □很满意；　　□满意；　　□基本满意；　　□不满意；　　□很不满意
14. 当您或者假设您因为铁路原因遭受精神或者经济损失后，如果您提出经济赔偿，铁路解决这个问题的态度和措施是否每次都能让您满意？
    □很满意；　　□满意；　　□基本满意；　　□不满意；　　□很不满意
15. 当您和其他旅客向铁路进行抱怨或投诉后，铁路对自己服务系统的改善程度是否能让您满意？
    □很满意；　　□满意；　　□基本满意；　　□不满意；　　□很不满意
16. 您对铁路最不满意的环节是：
17. 您对铁路最满意的环节是：

如果您希望得到本次调查的结果，请留下您的通信方式，我们将在调查结束后及时通知您。最后祝您旅途愉快，阖家欢乐。

姓名：　　　　　　　　　　　　电话：
通信地址：

××机构课题组
年　月　日

三、旅客评价的量化处理

1. 标度等级的换算

旅客对客运服务的评价都是针对某特定时间的特定服务事件而言的，满意与不满意程度的区分决定了旅客的满意等级。在满意度计算中，可将很满意、满意、基本满意、不满意、很不满意 5 个等级换算成分数，如表 7-3 所示。

表 7-3　旅客满意度测评等级评分表

等级	很满意	满意	基本满意	不满意	很不满意
分数	5	4	3	2	1

2. 权重的确定

各项指标的权重都是通过在预调查中由旅客对其相对重要性打分，并结合铁路客运服务部门对指标重要性的判断进行修正而最终确定的。这种从旅客自身角度出发来确定权重的方法，克服了目前旅客满意度调查中评价指标多由专家或调查方自己制定，很难真实地反映旅客的真实需求和期望的弊端，可真正体现"以旅客为中心"的服务理念，使调查结果更真实地反映旅客的心理需求和期望。

3. 数学量化分析

对旅客满意度进行数学量化分析的方法一般有：直接计算法、百分比法、加权平均法等。

本研究选择常用的加权平均法。计算公式如下：

$$CSI = \sum \lambda_j S_j$$

式中：CSI 为旅客满意度指数；λ_j 为第 j 项指标的权重，是该项指标在所有指标中所占的比重，其中，$0 \leq \lambda_j \leq 1$，$\sum \lambda_j = 1$；S_j 为第 j 项指标的旅客满意度值，通过将收集的旅客满意度数据汇总计算后得出。

经统计分析得出每个指标项的平均得分，再将各个指标的分值加权求和，即可得出所调查的铁路旅客满意度的最终得分。

4. 旅客评价区域的确定

在确定旅客评价区域时，可参考国际上对于满意度调查的惯例，同时结合铁路客运服务自身的特点进行。本研究对旅客评价满意度值的计算结果区域进行如下界定。

① 满意度分值为 0～1.49，表示旅客的评价为很不满意。

② 满意度分值为 1.5～2.49，表示旅客的评价为不满意。

③ 满意度分值为 2.5～3.49，表示旅客的评价为基本满意。

④ 满意度分值为 3.5～4.49，表示旅客的评价为满意。

⑤ 满意度分值为 4.5～5.00，表示旅客的评价为很满意。

四、旅客满意度调查的实施

本次旅客满意度调查在××年 7—8 月结合某学院的暑期社会实践活动展开，由该院部分学生进行"某铁路单位旅客运输服务状况评价"问卷调查。

本次调查立足旅客感受，以旅客作为主要调查对象，涉及 9 个城市的铁路客运车站，包括特快旅客列车、快速旅客列车、普通旅客列车等种类。

为了保证调查问卷及结果的合理性和代表性，在正式进行本次问卷调查前，组织学生于××年 6 月在某主要客运站进行了预调查，并根据预调查的情况改进了问卷，同时还针对学生在调查中出现的问题，进行了专门的旅客调查培训。另外，在调查时组织学生分别深入铁路的硬软席候车室、车站广场和列车车厢，观察不同层次、不同收入和不同工作性质的旅客的分布情况。因此，本次旅客满意度调查有较广泛的代表性，能较客观地反映当前该铁路单位客运服务旅客满意度的现状。

在本次问卷调查中，要求调查人员采用不记名方式，对旅客回答的问题保密，在询问时保持客观和中立，不诱导旅客。

本次问卷调查采用现场发放问卷并收回的方法，共收回问卷 843 份，其中有效问卷 816 份。

五、旅客满意度调查数据的统计与计算

1. 数据统计

（1）被调查旅客的基本情况

年龄段分布情况：

≤35 岁　　　　　　397 人；

36～49 岁　　　　　248 人；

≥50 岁　　　　　　171 人。

月收入分布情况：

≥3000 元　　　　　188 人；

1501～2999 元　　　356 人；

≤1500 元　　　　　272 人。

（2）调查数据汇总计算

对调查原始数据的统计如表 7-4 所示。

表 7-4　调查原始数据统计表

序号	指标名称	人数					总得分
		很满意	满意	基本满意	不满意	很不满意	
1	乘坐环境和硬件设施	163	396	152	68	37	3028
2	购票方式和等候时间	31	252	334	121	78	2485
3	出行的经济性	192	387	149	67	21	3110
4	出行的安全性	282	364	107	49	14	3299
5	列车运行正点	24	105	230	341	116	2028
6	站车服务项目	162	309	245	85	15	2966
7	仪容举止	218	422	124	47	5	3249
8	服务意识	101	257	279	133	46	2682
9	服务技能	117	255	287	108	49	2731
10	重视旅客抱怨和投诉	62	386	218	109	41	2767
11	耐心解释、真诚道歉	86	329	249	110	42	2755
12	合理经济补偿	13	5	46	240	512	1215
13	服务系统改善	43	215	337	144	77	2451

2. 旅客满意度计算

（1）计算二级指标满意度值

各项二级指标满意度值的计算结果及其权重如表 7-5 所示。

表 7-5　二级指标满意度值的计算结果及其权重

序号	指标名称	总得分	人数	满意度值	权重
1	乘坐环境和硬件设施	3028	816	3.71	0.1
2	购票方式和等候时间	2485	816	3.05	0.3
3	出行的经济性	3110	816	3.81	0.2
4	出行的安全性	3299	816	4.04	0.1
5	列车运行正点	2028	816	2.49	0.2
6	站车服务项目	2966	816	3.63	0.1
7	仪容举止	3249	816	3.98	0.2
8	服务意识	2682	816	3.29	0.4
9	服务技能	2731	816	3.35	0.4
10	重视旅客抱怨和投诉	2767	816	3.39	0.3
11	耐心解释、真诚道歉	2755	816	3.38	0.2
12	合理经济补偿	1215	816	1.49	0.3
13	服务系统改善	2451	816	2.96	0.2

（2）计算一级指标满意度值

① 服务基本环境满意度值：

$3.71×0.1+3.05×0.3+3.81×0.2+4.04×0.1+2.49×0.2+3.63×0.1=3.31$

② 服务人员素质满意度值：

$3.98×0.2+3.29×0.4+3.35×0.4=3.45$

③ 服务补救水平满意度值：

$3.39×0.3+3.38×0.2+1.49×0.3+2.96×0.2=2.14$

（3）旅客满意度指数

根据专家打分法等确定的一级指标的权重，再根据上述计算的一级指标满意度值计算旅客满意度指数，如表 7-6 所示。

表 7-6　根据一级指标权重及满意度值计算旅客满意度指数

一级指标	权重	满意度值	旅客满意度指数
服务基本环境	0.4	3.31	$3.31×0.4+3.45×0.4+2.14×0.2=3.13$
服务人员素质	0.4	3.45	
服务补救水平	0.2	2.14	

因此，最终计算得出的旅客满意度指数为 3.13。

（4）信度检验

经统计，此调查问卷 13 个题项总的 Cronbach's（克隆巴赫）α 信度系数为 0.826，故可认为此问卷具有很高的内部一致性。

六、对铁路旅客满意度评价进行统计分析和撰写报告

通过对铁路客运服务旅客满意度的评价，可以分析出铁路目前提供的客运服务水平与旅客实际需求水平的差异，并可以进一步找出产生原因，从而设计补救措施。

在统计分析中，根据服务合理区的定义，可把分值在 2.5~4.49 范围内的评价指标分值确定为服务合理区，再结合旅客访谈进行研究。

① 铁路作为我国最主要的旅客运输方式之一，由于近年来的投入加大，在乘坐环境和硬件设施，出行的经济性、安全性，站车服务项目，仪容举止方面得到了旅客的较高认可，其得分在 3.5 以上，旅客评价为满意。

② 低于服务合理区的主要有列车运行正点和合理经济补偿两个指标，得分分别是 2.49 和 1.49，并且后者已经处于很不满意区域。另外，购票方式和等候时间、重视旅客抱怨和投诉、服务系统改善等指标，旅客评价处于基本满意区域，接近服务合理区的下限，因此同样值得高度重视。

③ 在 3 个一级指标中，服务人员素质得分最高，而服务补救水平得分最低，这就要求铁路部门应切实有效地重视自己的服务缺失，加强服务补救，努力提高自己的补救水平。

④ 在研究过程中可以发现，个别指标的分值偏低是因受到某些特定因素的影响较大。例如，购票方式和等候时间，在问卷调查中，调查者在某车站特意选择了 10 位从进入售票厅到买到票在 20 分钟内的旅客进行抽样，结果发现他们对此项的评价仍然较低。另外通过访谈发现，春节、劳动节和国庆节期间的购票难、出行难问题对旅客造成的心理影响相当大，从而影响了对整个指标体系的评价。

⑤ 旅客对列车运行正点的评价处于不满意区域，抱怨甚多。这和铁路总公司对社会公众公布的列车正点率存在较大反差，其原因在于铁路统计运行正点的方法和旅客评价运行正点的方法不一致。

实训模块

[实训任务]对某车站的乘客进行满意度评价。
[实训目的]掌握乘客满意度评价的流程及方法。
[实训要求]分小组在不同的车站进行满意度评价。
[实训环境]车站及多媒体教室。
[实训指导]指导学生设计问卷调查表及进行数据统计与分析。
[实训考评]问卷调查表的设计合理、满意度评价指标的计算准确及撰写的评价报告可用。

课后思考

1. 客运服务评价包括哪些内容？对应的评价指标是什么？
2. 叙述乘客满意度评价的步骤。

项目八　城市轨道交通车站客运服务要求和技巧

项目描述

本项目主要介绍城市轨道交通车站各岗位的服务要求，要求学生学会各岗位在不同作业流程中的服务技巧，并能运用在实际的服务工作中。

任务一　车站各岗位的服务要求及服务标准用语

学习目标

1. 掌握车站各岗位的服务要求；
2. 掌握车站各岗位的服务标准用语。

学习任务

通过服务要求及服务标准用语的训练达到能在实际的服务工作中运用的目标。

教学环境

客服实训教室。

理论模块

一、站务员

1. 服务要求

（1）厅巡岗站务员

厅巡岗站务员要多看、多听、多巡、多引导。多看是指看有无异常情况，看有无需要帮助的情况和需要处理的设备故障；多听是指多听乘客对站厅服务的意见、建议；多巡是指多走动，巡视了解站厅客流情况，留意乘客动态；多引导是指引导乘客到临时售票亭及乘客较少的一端购票乘车。

当有多名乘客同时求助时，厅巡岗站务员应根据实际情况分轻重缓急依次处理，必要时报告给车控室，不得对乘客不理不睬；当受到乘客的责骂、殴打时应做到"打不还手、骂不还口"，同时注意自我保护，若乘客行为危及员工人身安全，应及时报警处理；对于自己能解决的问题要及时、果断地进行处理，避免因处理时间过长而引起乘客不满，自己不能处理的问题应及时通知值班站长。

在高峰期，厅巡岗站务员巡视站厅时应统一配手提广播上岗，在进行客流引导时应吐字清晰，积极主动，声音不宜过大，不得用广播对着乘客喊话，且不得过于频繁地播放录音。

厅巡岗站务员要及时提醒车控室查看自动售检票设备中的钱箱、票箱情况，以便在乘客较少时及时更换；当客服中心售票系统出现故障或封窗查账时，应及时引导乘客到其他客服中心或自动售票机购票，如图8-1所示。

图8-1 厅巡岗站务员引导乘客使用自动售票机购票

（2）售票岗站务员

售票岗站务员应主动领够车票、报表和硬币，在客流较小时完成现金及硬币整理或开启另一袋硬币等准备工作；出售车票或充值时应按"一收、二唱、三操作、四找零"的程序操作。售票作业程序如表8-1所示。

表8-1 售票作业程序

步骤	程序	内容
1	收	问清乘客的购票或充值需求（要求的购票张数和车票类型或充值的金额），收取乘客购票的票款
2	唱	讲出票款金额，复述乘客的需求，如未听清乘客的要求，应主动礼貌地询问
3	操作	正确、迅速地操作：检验钞票真伪，如钞票为伪钞，则要求乘客更换钞票；请充值的乘客确认储值票的余额；在半自动售票机上选择相应的功能键，出售车票或充值
4	找零	请乘客确认发售的车票及充好的储值票，清楚地说出找赎金额、充值金额及车票张数，将车票和找赎的零钱一起礼貌地交给乘客

当乘客要求分析车票时，应快速、正确地用半自动售票机进行分析，并耐心地将分析情况告诉乘客，再采取相应的处理车票的方法；为乘客兑零时，硬币应垒成柱状交给乘客，不得散放，不得有丢、抛等动作；同时有两位以上的乘客等候服务时，如无特殊情况，应按照先付费区后非付费区的原则为乘客服务。如图8-2所示为售票岗站务员正在为非付费区乘客服务。

当客服中心前出现较大客流时（排队超过规定的人数且持续数分钟以上）应电话通知值班站长或厅巡岗站务员，加派人手或使用人工广播引导。

图 8-2　售票岗站务员为非付费区乘客服务

交接班时，接班者必须提前做好售票、兑零准备工作，交班者才可以终止售票、兑零工作，交接时间不超过 5 分钟，并尽可能降低对乘客服务的影响。

（3）站台岗站务员

站台岗站务员应做到"四到"（心到、话到、眼到、手到）、"四多"（多监控、多广播、多联系、多巡视）、"三及时"（及时寻找、及时联系、及时引导）。

心到是指精神保持高度集中，随时应变异常；话到是指要随时提醒乘客按排队箭头候车，及时进行安全广播；眼到是指要密切监视闭路电视监控系统，注意乘客动态和屏蔽门工作状况；手到是指遇到问题要主动处理，例如：发现地面有水时应及时设置"小心地滑"牌；设备发生故障时应及时放置"暂停服务"牌；地面有脏物时应及时找保洁员清除等。

多监控是指密切监督站台内的乘客情况和屏蔽门工作状况，必要时采取控制措施；多广播是指通过广播提醒乘客看管物品、看好孩子，不得打闹追逐，不得推挤屏蔽门；多联系是指发现异常情况及时与司机、车控室及其他岗位人员联系；多巡视是指在每次列车到达间隙巡视站台一遍，巡视时"三步一回头"。

及时寻找是指在站台发现乘客伤亡事件或其他异常情况时，及时寻找目击证人并记录；及时联系是指遇到蛮横不讲理的乘客时及时与地铁公安联系，不与乘客发生正面冲突；及时引导是指当站台客流不均匀时，及时引导乘客到人少的一端上车，防止乘客拥挤。

2．服务标准用语

（1）厅巡岗站务员

要求乘客排队购票（高峰期）时："各位乘客，请按秩序排队购票，谢谢合作！"

需要更换票箱、钱箱或故障维修时："××（称谓），对不起，这台设备暂停使用，请您稍等，或请使用其他设备，谢谢！"

指引乘客购票时："请持有 1 元硬币，5 元、10 元纸币的乘客直接到自动售票机上购票，需兑换硬币的乘客请直接到车站客服中心。"

请乘客到站厅人较少的一端购票时："各位乘客，本站另一端站厅乘客较少，为了节省您的时间，请到另一端站厅购票。"

某一方向列车服务终止时："各位乘客请注意，开往××方向的列车服务已经终止，

请乘客停止购票进站，不便之处，敬请原谅。"

有乘客走近时，应主动询问："您好，请问有什么需要帮助的吗？"或"您好，请问我能为您做点什么？"

孩子和老人等不宜单独乘坐自动扶梯的乘客准备乘坐自动扶梯时："您好，为了您的安全，请走步行楼梯。"

当有乘客在站内吸烟时："您好，请不要在站内吸烟，谢谢合作！"

当发现乘客携带"三品"进站时："对不起，根据规定，您不能携带××（物品名称）乘坐地铁，多谢合作。"

（2）售票岗站务员

乘客需要兑换硬币时，要清晰唱票："收您××元，找您××元。"

当找不开零钱时："××（称谓），请问您有零钱吗？"或者说："对不起，我这里的零钱刚好不够，请您稍等，好吗？"

收到残币或假币时："××（称谓），对不起，请您换一张钞票，好吗？"

出售储值票时："××（称谓），请确认面值。"乘客确认无误后："××（称谓），找您××元，给您一张××元的车票。"

乘客想购买双程票时："××（称谓），对不起，地铁车站没有双程票出售，单程票只能在购票的车站当日使用。"

乘客询问城市交通一卡通能否多人同时使用时："××（称谓），对不起，一张一卡通仅限1个人使用，不能多人同时使用。"

乘客出站发现出不了站（超乘或超时）时："××（称谓），您好，您的车票已超乘/超时，请按规定补交超乘车费×元。"

需要乘客等待，不能马上提供服务时："××（称谓），对不起，请稍等片刻！"

当乘客询问孩子是否有半票时："××（称谓），您好，按照地铁规定，如果孩子没有超过1.2米，一位成年人可以免费携带一名孩子乘坐地铁。"

乘客询问可以在哪儿购票时："如果您需要买单程票，请准备零钱或在此兑换零钱，然后到自动售票机处购买。"

乘客询问到××站的票价时："××（称谓），您好，您到××站的票价为×元。"

收到乘客的一张过期单程票时："××（称谓），单程票只能当天在购票站乘坐地铁时使用；您的车票已经过期，按规定这张车票需回收，假如您需要搭乘地铁，请您重新购买一张车票，好吗？"

（3）站台岗站务员

列车进站前及进站时："各位乘客，列车（即将）进站，为了您和他人的安全，请按秩序排队候车，多谢合作！"或"各位乘客，列车（即将）进站，为了您的安全，请勿倚靠屏蔽门，多谢合作！"

当列车到站停稳后："各位乘客请注意，请小心列车与站台的空隙，先下后上，多谢合作！"

列车将要关闭车门时："各位乘客，车门即将关闭，没有上车的乘客请您耐心等候下一趟车，多谢合作！"

乘客携带违禁品进站乘车时："××（称谓），您好，为了您和他人的安全，请不要携带××（物品名称）乘车，多谢合作！"

有孩子在站台上追逐、奔跑、打闹时："××（称谓），您好，由于地面很滑，容易摔倒，请家长（您）带好您的孩子，不要在站台上追逐、奔跑、打闹。"

有乘客走近时，主动询问："××（称谓），您好，请问有什么需要我帮助的吗？"或"××（称谓），您好，请问我能为您做点什么？"

对于单独上自动扶梯的孩子和老人："××（称谓），您好，为了您的安全，请走步行楼梯。"

列车服务终止时："各位乘客，今天的列车服务已经终止，请您尽快出站。"

乘客有物品掉下轨道时："××（称谓），您好，我们的工作人员将会尽快为您拾回物品，并及时与您联系，多谢合作！"

二、值班员

1. 服务要求

（1）行车值班员

① 处理问题时，应站在公司的立场，遵循公司的方针、政策、公平、公正、合理、及时地处理有关问题。

② 车站出现大客流（乘客排长队现象）时应积极采取措施，播放广播疏导客流，让乘客顺利购票和进出车站。

③ 当乘客通过车控室对讲处询问时，要礼貌、热情地向乘客解释。

（2）客运值班员

① 监控设备状况和票务中心情况，确保设备正常和售票处零钱、车票、发票充足。

② 应公平、公正、合理、及时地处理有关乘客问题。

③ 在岗时，应站在公司的立场，遵循公司的方针、政策。

④ 大客流时及时积极采取措施，加开兑零窗口，安排员工疏导乘客。

⑤ 在大客流前做好准备工作，如提前配票，准备好充足的钱、票，确保设备状态良好等。

⑥ 处理乘客事务时要在3分钟内到达现场。

2. 服务标准用语

（1）行车值班员

① 当有乘客走到对讲处时，立即询问："××（称谓），您好，请问有什么需要我帮助的吗？"

② 当回答完乘客问询后："请您慢走，再见！"

③ 当有乘客在站台越出黄色安全线或倚靠屏蔽门时，使用人工广播（普通话）："各

位乘客，为了您和他人的安全，请站在黄色安全线内排队候车，多谢合作！"或"各位乘客，为了您的安全，请勿倚靠屏蔽门，多谢合作！"

（2）客运值班员

服务标准用语参照其他岗位的标准用语。

三、值班站长

① 负责监控当班整体服务工作，巡视并检查当班员工在语言、形体、着装等方面是否符合服务标准，指正员工服务工作中的不足，确保本班服务质量。

② 要在 3 分钟内赶到现场处理乘客问题，如接到通知后预计不能及时赶到，必须马上安排有处理能力的员工代理。

③ 根据车站客流特点，合理安排人手，利用闭路电视监控系统及时了解客服中心排队情况，杜绝排长队现象。

④ 及时了解客服中心车票、报表、硬币等的不足情况，并及时组织增补。

⑤ 在人手不够的情况下，组织驻站维修人员、保洁员协助引导（安排其他岗站务人员参与售票或兑零）。

案例模块

乘客投诉，在××车站，因持城市交通一卡通无法出站，便到客服中心进行问询，当班售票岗站务员正在接听内线电话并不耐烦地说了一句"等一会儿"。乘客比较着急，用一卡通敲了敲窗口，售票岗站务员才放下电话，分析一卡通。经分析为进站码未录入，便对乘客说："你从哪个站进的啊？进站时没刷卡，用现金补一下吧！"乘客随之提出异议，并且情绪比较激动："凭什么说我没刷卡，我倒要问问你，不刷卡怎么进站呢？"当班售票岗站务员态度生硬地回答："我的计算机上没有进站的记录，你就要补票。"最终导致乘客因非常气愤而进行了投诉。

1. 案例分析

① 当班售票岗站务员未及时响应，即未及时为乘客提供票卡分析服务，且耐心不足，服务态度欠佳，是导致乘客产生抱怨的根本原因。

② 当班售票岗站务员未执行服务标准用语及运用服务技巧，属于工作失职的表现。

2. 处理指导

① 当乘客到客服中心要求提供票务服务时，工作人员应保持良好的服务形象，如正在接听电话，应放下听筒，使用"十字"文明用语（您好、请、谢谢、对不起、再见），面带微笑，为乘客提供服务。参考服务用语：您好，先生/女士，请问有什么可以帮助您的吗？

② 如果遇到乘客因未正确使用城市交通一卡通而导致无法正常进出站的情况，工作人员应告知其正确的使用方法及注意事项，在语言组织上应采用委婉的方式。参考服务用语：可能由于您刷卡速度较快，传感器没有检测到您的卡，所以无进站记录，请您告诉我，您是在哪个车站进站的，我为您办理现金交费手续后即可正常出站。

③ 乘客对于城市交通一卡通的使用方法仍存在疑问时，工作人员应耐心地向乘客讲解，直至乘客明白，同时提醒乘客进出站时的注意事项，让乘客知道以后如何避免类似情况的发生。

课后思考

1. 厅巡岗站务员的服务要求有哪些？
2. 售票岗站务员的服务要求有哪些？
3. 站台岗站务员的服务要求有哪些？

任务二 服 务 技 巧

学习目标

掌握站务人员的服务技巧。

学习任务

依据乘客乘坐地铁的流程，熟练运用不同环节的服务技巧。

教学环境

客服实训教室。

理论模块

城市轨道交通运营公司也是一个企业，顾客就是乘客。要想提高企业服务质量，并在激烈的竞争中取胜，就要从服务着手，不断提高客服水平，在赢得了广大乘客信任与认可的同时，也就得到了社会的认可。要提高城市轨道交通服务质量，站务人员应从以下几个方面做起。

一、提高服务意识

真正的服务必须从心开始，即必须发自内心地为乘客提供服务。如若不然，再多的培训、再深的理论和再好的激励都将无济于事。有的站务人员能够解释有关服务的知识和原理，也能让人确信提供良好的服务是必须的，但这仍不足以对站务人员产生持久的影响，因为许多从事服务行业的人并不是真正用心地去服务，他们总是抱怨：

"为什么要我去伺候别人？难道没有别的选择吗？"

"为什么我要受乘客的气？"

"为什么倒霉的事全让我碰上了？"

其实，所有这些想法都来自一个问题，那就是"为什么我一定要为别人服务？"

由此可见，要提高站务人员的服务意识，首先就要改变上述错误观念，不要形成"为别人提供服务就是为人服务，低人一等"的观念。

全世界的人都在为他人服务，同时也都在接受他人为己服务。例如：农民种地生产粮食是在为非农业人员提供服务，而工人制造拖拉机、收割机、电动机、汽车、三轮车、化肥、农药等也是在为农民提供服务；建筑行业筑路、架桥、盖楼是在为别的行业的需要者提供服务；纺织、服装、钢铁、水泥、建筑、装饰材料等各行各业也在为其他行业的工作者提供服务。

因此，服务是相互的，没有高低贵贱之分，"为人服务，低人一等"的认识是错误的，站务人员应该重新认识"服务"及"服务工作"的含义，在工作中认真对待每位乘客，认真做好每件事，把每项细小的工作都当成对自己的考验。

其实，车站服务工作可以造就、锻炼站务人员，使站务人员懂得如何与人相处，如何与人打交道，是积累经验和资历的基石，是通往中高层管理工作岗位的阶梯。

二、杜绝服务中常见的不规范现象

在服务工作中，站务人员应具有卓越的服务意识和对乘客高度的责任心，倾注全部的热情，出色地做好服务工作，用精湛的服务技巧去争取乘客满意。下面对城市轨道交通服务中出现的一些不规范现象进行研究和分析，以防止这些问题发生。

1. 态度冷漠，满不在乎

该现象表现为对经常进行的工作感到厌烦，缺乏兴趣，对乘客视而不见，对乘客的要求漠不关心，好像这些工作与自己无关。

2. 推卸责任

该现象表现为对乘客提出的要求，习惯于逃避或推卸责任。例如，对乘客说："这事不归我们车站负责，找××部门去"；有的拿出企业烦琐的规定或制度来为难乘客："公司就这么规定，我也没办法"或"这是上级规定的，有意见找领导去"。

3. 态度冷若冰霜

该现象表现为对乘客的要求不予理睬或不耐烦，表现出对乘客的厌烦态度，而且脸上流露出的是一种冷漠的表现。

4. 自高自大

该现象表现为以高人一等的态度对待乘客，并对乘客进行指责教训。

5. 机械式服务

该现象表现为对所有的乘客采取一成不变的机械式服务，对于乘客的多样化、个性化要求不予考虑，不能使乘客感受到服务的真诚、温暖和个人关怀。

6. 固守企业规定

该现象表现为把"执行企业规定"凌驾于乘客满意之上，处理问题简单化，不能从乘客的立场出发，灵活运用企业规定，也不能为让乘客满意而做出"例外"决定。

7. 互相推诿

该现象表现为对乘客提出的问题，不积极、主动地给予解决，而是听任乘客去找各个部门四处反映，导致乘客疲惫不堪，但问题仍得不到圆满的解决。

三、调整服务心态

站务人员只有把服务工作当成自己的事业并为之努力,拥有不断进取、不怕吃苦的心态,才会使自己的服务行为、服务语言自然地呈现在乘客面前,而不仅仅是规章、制度的冰冷要求。只有心态问题解决了,才能感受到工作与生活的快乐,进而觉得自己所做的一切都是理所当然的。

那么,作为站务人员,应该如何调整自己的心态呢?

1. 心存感激

心存感激,即感恩的心态。感恩不纯粹是一种心理安慰,也不是对现实的逃避,更不是"阿Q精神"胜利法,它是一种歌唱生活的方式,来自对生活的爱与希望。可以用一句诗来形容:"我,曾经因为没有鞋穿,而哭泣,走到大街上,却看见了没有腿的男子。"在日常生活中,持有消极心态的人,常常对生活充满抱怨而不是感激。没有感恩心态的人,对一切都会以自我为中心,心胸狭窄,无法感受到服务于别人的喜悦,自然也无法使自己开心。

2. 积极乐观

积极乐观的心态是人生取得成功的基本要素之一,即向好的、正确的方向发展自己。命运不是上天安排的,它要靠人们主动去争取,要求人们用积极乐观的心态去对待。

众所周知,龙虾在某个成长的阶段里,会自行脱掉外面那层具有保护作用的硬壳,因而很容易受到敌人的伤害,而这种情形将一直持续到它长出新的外壳为止。生活中的变化是很正常的,每发生一次变化,总会遭遇到陌生及预料不到的事件。这时,不要因回避而使自己变得更懦弱;相反,要敢于去应对危险的状况,对自己未曾见过的事物,要培养出信心来。

3. 豁达包容

豁达包容,方成事业。作为一名站务人员,会接触到形形色色的乘客,每个乘客都有不同的爱好和要求。为乘客提供服务,满足其需求,应学会包容,即包容他们的不同喜好和挑剔,包容他们的喜怒哀乐。当然,对于乘客的不正当行为,也不能纵容:首先,要区分乘客的行为是否为恶意;其次,在遇到具体问题时可按照"大事讲原则,小事讲风格"的原则进行处理。

4. 空杯之心

尺有所短,寸有所长。每个人都有值得学习的地方。孔子说:"三人行,必有我师。"也许每个站务人员在某个方面都有自己丰富的专业技能,但面对乘客,必须怀着空杯之心去学习,把自己融入企业当中,而不是做旁观者。因此,站务人员只有具备了学习进取的心态,才不会满足于现状,才会不停地去探索和追求,不断超越自我,最终在激烈的竞争中胜出。

5. 勇于负责

在服务工作中,难免会出现因工作失误给乘客造成不便,这时要勇于承担属于自己的那份责任。当然,"人非圣贤,孰能无过?"这种说法虽然有一定道理,但不能让其成为放松要求自己的借口。就像医生对自己的患者负责一样,站务人员一定要对自己的乘客勇担责任，兢兢业业，恪守职业道德。

四、提高自身能力

工欲善其事，必先利其器。光有服务的意识，没有优质的服务能力是不能真正为乘客提供优质服务的，所以提高站务人员的整体服务水平至关重要。因此，实践中要做到全面提升，打造品牌，就必须从提高站务人员的整体素质入手。

1. 文化修养

① 提升文化修养，精通业务技能。

② 懂得公共关系学和乘客心理学。

③ 普通话标准，能够用手语及英文进行简单交流。

④ 熟悉当地的风土人情和交通地理位置，努力成为"活地图"。

2. 心理素质

① 要努力培养准确和敏锐的注意力。

② 要有较强的记忆力。

③ 要有观察、分析和推断乘客心理的思维能力。

④ 要学会控制和驾驭自己的情绪。

3. 服务技能

（1）服务技术

服务技术即服务操作技能。就像酒店在接待顾客入住时按流程操作一样，站务人员在处理乘客事务时也有一套既定程序。作为站务人员，熟知并掌握本岗位所要求的各项操作规程是开展服务工作的基本技能。

（2）服务技巧

服务技巧主要是指面对不同乘客时的应变能力。如果只有技术，缺乏技巧，则服务人员与服务机器就没有什么区别了，特别是车站一线工作人员，每天要与成千上万名乘客打交道，不同的人有不同的要求，这时，服务技巧就显得尤为重要了。服务技巧的培养，可以通过案例学习的形式去掌握，但最关键的是自己一定要用心去体会，设身处地地去思考问题。

4. 沟通能力

（1）使用眼睛进行沟通

在与乘客进行沟通时应看着乘客的眼睛，这表明站务人员很尊重乘客。这样做，既能使乘客感到满意，也能防止乘客走神，更重要的是，能让乘客感受到站务人员的真诚，从而提升站务人员的可信度。

（2）面带微笑

在与乘客进行谈话的过程中应面带微笑，这会使乘客觉得站务人员和蔼可亲。真心的微笑既能使自己身心舒畅，也能使交流更好地进行，并且这种情绪能感染乘客。

（3）使用肢体进行沟通

使用身体其他部分进行沟通有助于树立个人良好的形象，例如，坐着或站立时挺直腰板,能让乘客感受到职业化。

(4)调控声音

在与乘客进行交流时应使用一种经过调控的语调,适时改变重音,强调某些词语,巧妙地使用停顿,这样能使乘客对站务人员充满信心。

技术模块

乘客乘坐地铁由进站—购票—进闸—候车—上车—下车—出闸—出站8个环节组成,对于在每个环节出现的乘客服务工作,站务人员都应运用服务技巧及服务标准用语完成相应的服务工作,为乘客提供优质的服务,努力让乘客感到满意。

一、进站

1. 当出入口处有积水时

为了保证乘客进出站的安全,当出入口处有积水时,应及时在出入口地面及与站厅交界处外放置"小心地滑"牌,并及时通知保洁员来清理。

2. 当乘客携带大行李进站时

为了及时制止乘客携带超大、超重物品进站上车,应将物品度量器摆放在进、出闸机明显的地方,便于乘客携带超大、超重物品时进行度量。当乘客携带的物品超过了轨道交通运营公司规定的体积和质量范围时,应积极、主动地向乘客解释公司规定,并微笑着向乘客表示歉意:"对不起,您不能携带超大、超重物品进站,请您改乘其他交通工具。"

3. 乘客携带气球(宠物)进站时

当遇到乘客携带气球(宠物)进站时,应及时制止,并微笑着向乘客解释:"对不起,为了您和他人的安全(保持车站及列车的环境),请您不要携带气球(宠物)进站乘车。"

4. 当乘客要求找人或找物时

当乘客要求找人或找物时,车站应记录乘客提供的找人或找物信息,并立即向行车调度汇报,请行车调度将相关信息通报各站,发动各站进行寻找,并请乘客留下地址、联系电话,以便联系。

二、购票

1. 当有乘客询问如何购票时

当有乘客询问如何购票时,站务人员应耐心地回答:"如果您需要购买单程票,请您准备好零钱(如乘客无零钱时请乘客先到客服中心兑换),到自动售票机处购买,也可直接在客服中心购买(注:某些客服中心不发售单程票)。"如图8-3所示为厅巡岗站务员回答乘客问询。

2. 当乘客需要充值时

当乘客在客服中心要求为其充值储值票时,售票岗站务员应严格执行"一收、二唱、三操作、四找零"的程序,并且将充值成功的储值票放在读卡器上,请乘客确认,说:"请看显示器是否显示为××元的车票。"确认无误后,将找零及车票一并交还给乘客。

图 8-3　厅巡岗站务员回答乘客问询

3. 当找不开零钱时

当找不开零钱时,应礼貌地询问乘客:"请问您有零钱吗?"或者"对不起,这里的零钱刚刚用完,请您稍等,我们马上备好零钱或麻烦您到对面的客服中心或银行去兑换。"

4. 当遇到乘客给付假钞或残钞时

如果发现乘客给付的是假钞时,应耐心向乘客解释:"您这张纸币不能使用,请您另换一张人民币。"如解释无效,可报告给值班站长或请求地铁公安出面处理;若遇到面值较大或数量较多的假币时,应立即报告给值班站长或请求地铁公安出面处理。

当乘客给付残币时,规定除缺损 1/4 以上、破旧辨认不清面值的纸币不收外,其余都应按规定收取。

5. 当遇到票款不符与乘客发生纠纷时

当乘客认为票款有误时,应向乘客解释:"对不起,我们的票款是当面点清的,请您再确认一下,您的票款是否正确,如果确实有误,我们立即封窗查账。"乘客认为票款确实有误时,值班员及以上人员应立即进行封窗查账,若查出长款,应马上把钱退还给乘客,并向乘客解释:"对不起,由于我们工作的疏忽给您带来不便,希望得到您的谅解,我们一定会避免再发生这类事件。"若票款吻合,则应耐心地向乘客解释,做好安抚工作:"对不起,经我们查实,售票员的票款没有差错,请您谅解。"若乘客有意为难,可找地铁公安配合。

三、进闸

1. 当遇到第一次乘坐地铁的乘客(或老年人)进闸时

当厅巡岗站务员遇到第一次乘坐地铁的乘客持票进闸时,应协助乘客使用车票,耐心地告诉乘客:"请右手持卡刷卡,左侧通行,并妥善保管好车票。"如图 8-4 所示为厅巡岗站务员引导乘客进闸。

项目八 城市轨道交通车站客运服务要求和技巧

图 8-4 厅巡岗站务员引导乘客进闸

2. 当遇到逃票或违规使用车票的乘客进闸时

当发现无票的超高孩子或故意逃票的成年人时,应马上制止,并要求其到客服中心或自动售票机处购票:"对不起,您的孩子超过了 1.2 米(或'您好,成年人应该买票'),请您购票,请配合我们的工作。"若发现违规使用车票的乘客(特别是成年人使用学生票,年轻人使用老年票等),可按执法程序进行执法,必要时可找地铁公安配合。

四、候车

1. 当乘客站在黄色安全线边缘或蹲姿候车时

当发现乘客站在黄色安全线边缘或蹲姿候车时,应立即借助手提广播制止:"请各位乘客站在黄色安全线内候车",如果广播效果不好,应及时上前制止乘客的行为,若发现乘客因身体不适或年龄较大时,可指引他们到候车椅上休息,若乘客感到很不适,应立即通知车控室处理。如图 8-5 所示为站台岗站务员引导候车乘客站在黄色安全线内候车。

图 8-5 站台岗站务员引导候车乘客站在黄色安全线内候车

2. 当遇到乘客候车时吸烟或有孩子在站台上追逐、打闹时

当站台岗站务员发现有乘客吸烟时，应立即制止，并有礼貌地解释："对不起，为了您和他人的安全，请不要在地铁站内吸烟，谢谢合作！"当发现有孩子在站台上追逐、打闹时，应及时上前制止正在追逐、打闹的孩子，并用人工广播强调："地面很滑，容易摔跤，请家长看管好自己的孩子，不要在站内追逐、打闹、奔跑。"

3. 当站台上有老人、孩子、精神异常者等特殊乘客时

站台岗站务员应按岗位巡视要求随时注意乘客动态，当发现有老人、孩子候车时，应重点留意并指引他们坐到候车椅上等候；当发现有精神异常的乘客时，应立即通知车控室处理，并重点留意他们的动态，同时加大维持站台秩序的力度。

4. 当乘客物品掉入轨道时

当乘客物品掉入轨道时，站台岗站务员应提醒并安抚乘客："为了您的安全，请勿私自跳下轨道，请您放心，我们的工作人员将会尽快为您拾回物品，多谢合作。"再用对讲机通知车控室处理，同时确保乘客不发生跳下轨道的行为。

五、上车

1. 当列车到站开门时

当列车到站并自动打开车门时，站台岗站务员应引导乘客按先下后上的顺序下车、上车。

2. 当乘客上车时

当乘客上车时，站台岗站务员应用人工广播向乘客宣传："上车时，请小心站台与列车之间的空隙，车门即将关闭时，请不要强行上车，以防被车门夹伤，请耐心等候下一趟列车。"

3. 当屏蔽门或车门夹到人时

当乘客被屏蔽门或车门夹到而未被夹伤时，乘客要求有个说法，站务人员应耐心认真地听乘客叙述事情经过，并进行分析，如因乘客抢上抢下被夹伤，应向其说明有关注意事项，希望乘客今后乘坐地铁时提前做好上下车的准备，避免再出现此类现象；如确因地铁原因造成乘客被夹，应向其表示歉意。若乘客被夹伤要求去看病时，首先要安慰被夹伤的乘客，并向乘客讲明自己正当班，不能擅自离岗，会通知值班员或值班站长处理；若是因地铁原因造成的乘客夹伤，应通知保险公司，按地铁有关规定处理。

六、下车

1. 当乘客下车时

当乘客下车时，站台岗站务员通过人工广播或站台广播向乘客宣传："乘客下车时，请小心站台与列车之间的空隙，车门即将关闭时，请不要强行下车，以防被车门夹伤。"对于下车的老人和孩子，应用广播宣传："请老人、孩子走步行楼梯或者由家长或其他人员陪同乘坐电梯。"

2. 当屏蔽门或车门即将关闭时

当屏蔽门或车门即将关闭时,应阻挡要抢上的乘客,避免乘客被夹伤,并引导乘客:"列车马上开车,为了您的安全请不要抢上,下一趟列车即将到站,请耐心等候下一趟列车。"如图 8-6 所示为站台岗站务员平展手臂作阻挡姿势。

无论有无乘客,均要平展手臂作阻挡姿势。

图 8-6 站台岗站务员平展手臂作阻挡姿势

3. 当乘客下车后逗留在站台时

站台岗站务员应注意下车乘客的动态,若发现有逗留在站台不出站的乘客,应主动上前询问情况,礼貌地告诉乘客不要逗留在站台,应尽快出站。

七、出闸

1. 当乘客出闸时

当乘客出闸时,厅巡岗站务员应引导乘客有秩序地通过出站闸机,同时通过人工广播向乘客宣传:"单程票请投入右侧回收口,储值票请刷卡,一张票只能一人通行。"若遇到闯闸机者,应及时制止。如图 8-7 所示为厅巡岗站务员阻止乘客闯闸机。

对不起,请您持票刷卡出闸。

图 8-7 厅巡岗站务员阻止乘客闯闸机

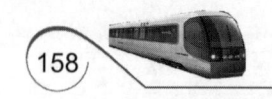

2. 当乘客手持的车票出不了站时

当厅巡岗站务员发现乘客出不了站时，应及时请乘客到客服中心处理；售票岗站务员则应耐心地向乘客解释："对不起，您的车票已超乘，请按规定补交超乘费××元"或"您的车票已超时，按规定需补款××元"或"您的车票有问题，我现在为您处理。"

八、出站

1. 乘客出站

站务人员应熟悉地铁站连接的各大型建筑物、商场、学校、医院等场所及其换乘方式，同时，应确保站厅的出入口牌等导向标志正确和完整。若乘客在出站时不能确定自己的方向，站务人员应给予主动、热情的指引，不能欺骗、敷衍乘客。

2. 乘客出闸后在地铁站逗留

若发现乘客出闸后未及时出站，站务人员应及时问清乘客逗留的原因，礼貌地请乘客尽快出站，以免影响车站正常的客运工作。

拓展模块

1. 服务"八字"要诀

（1）"观"

站务人员要学会察言观色，通过乘客的言语、动作、表情、眼神等进行细微观察，体会和揣摩乘客的心情，从而提供优质、有效的服务。

（2）"换"

站务人员要经常换位思考，特别是当乘客表示不满或提出投诉时，要站在乘客的立场进行换位思考，从乘客的角度出发，学会体谅和理解乘客。

（3）"听"

站务人员要善于倾听乘客的话语，学会以诚恳、专注的态度倾听乘客的叙述，给乘客充分的表达时间。通过倾听，站务人员既能有效地了解乘客的需求、愿望和不满，又能让乘客感到被尊重、被关心。

（4）"诚"

站务人员要真诚地对待每一位乘客。即便是乘客无理投诉，也应以诚恳的态度向乘客道歉，让乘客感觉到自己受到了重视，满足他们的自尊心，也便于更好地与乘客进行进一步交流沟通。

（5）"礼"

站务人员要礼貌热情地接待乘客，耐心听取乘客意见，不卑不亢，对比较复杂、有争议的问题，应查明真相，有理有据地进行处理。处理完毕后，要向乘客致谢，感谢乘客投诉及提出意见，促使地铁不断改进服务。

（6）"速"

站务人员要迅速果断地处理乘客事务，不能拖拉和敷衍了事，更不能相互推卸责任，而应迅速、恰当地进行事务处理。采取措施后，询问乘客是否需要进一步帮助。

（7）"忍"

处理乘客事务时，站务人员要学会忍耐，即使明知是乘客的错，也不要急于辩解和反驳，更不能与乘客争辩，应耐心听乘客讲完，弄清事情真相，恰当处理。

（8）"理"

站务人员要公平、公正、合理地处理乘客事务，应对乘客做出合理的解释和正确的处理，不与乘客斤斤计较，让乘客得到满意的答复。

2. 服务必备的6种技能

（1）用心聆听

聆听是一门艺术，通过聆听可以发现乘客的真正需求，从而获得处理投诉的重要信息。

（2）表示道歉

如果没有出错就没有理由惊慌，如果真的出错就得勇于面对。请记住乘客之所以动气是因为遇上问题，站务人员若漠不关心或据理力争，找借口或拒绝，只会火上加油，而适时地表示歉意会起到意想不到的效果。

（3）仔细询问

站务人员要引导乘客说出重点，有的放矢，表示同情。如果乘客知道站务人员的确关心他的问题，也了解他的心情，怒气便会消减一半。最后找出双方一致同意的解决方法。

（4）记录问题

好记性不如烂笔头，站务人员应把乘客反映的重要问题及联系方式记录下来。

（5）解决问题

站务人员应探询乘客希望解决的办法，一旦找出办法，应征求乘客的同意。如果乘客不接受站务人员提出的办法，可以请乘客提议或提出希望解决的方法。如果最终无法解决，可推荐由其他站务人员来处理，但要主动代为联络或指引。

（6）礼貌地结束

当将某件不愉快的事情解决后，必须问："请问您觉得这样处理可以了吗？您还有别的问题吗？"……如果乘客没有其他问题，应表达对对方提出问题的谢意。

3. 做好服务工作应具备的素质

① 处变不惊的应变能力——面对突发事件的处理。

② 对挫折打击的承受力——面对乘客误解甚至辱骂。

③ 情绪的自我控制和调节能力——始终保持愉快的心情。

④ 保持积极乐观的心态——让微笑成为习惯。

4. 淡化矛盾的方法

当面对不同的乘客时，站务人员应该用适当的态度礼貌对待，并用行之有效的方法稳定他们的情绪并将矛盾淡化，也就是应具备预防服务冲突的两种优良品质，即宽容大度和与人为善。在这里介绍3种方法。

① 对待烦躁的乘客要有耐心，温和地与其交谈。

② 对待刁钻的乘客，态度要和气，对其提出的建议理性对待。

③ 对服务不满意的乘客，要真诚对待，保持自控能力。

实训模块

[实训任务]情景模拟进闸及售票环节的服务。

[实训目的]掌握车站各岗位的服务技巧及标准用语。

[实训要求]按老师设计的情景分岗位进行模拟训练。

[实训环境]客服实训教室。

[实训指导]指导学生在不同的情景掌握不同的服务技巧。

[实训考评]学生的服务标准用语及服务态度。

课后思考

1. 站务人员的服务"八字"要诀指的是什么？
2. 当发生乘客在出闸时不能正常出闸的情况时，站务人员应如何处理？

参考文献 References

[1] 广州地铁. 站务人员[M]. 广州：中国劳动社会保障出版社，2009.

[2] 裴瑞江. 城市轨道交通客运组织[M]. 北京：机械工业出版社，2009.

[3] 刘莉娜. 城市轨道交通客运组织[M]. 北京：人民交通出版社，2010.

[4] 赵岚. 城市轨道交通客运组织[M]. 北京：电子工业出版社，2013.

[5] 石瑛. 城市轨道交通客运组织[M]. 北京：中央广播电视大学出版社，2011.

[6] 林瑜筠. 城市轨道交通运输设备[M]. 北京：中国铁道出版社，2011.

[7] 张莹，吴冰. 城市轨道交通车站设备[M]. 北京：电子工业出版社，2012.

[8] 高蓉. 城市轨道交通服务礼仪[M]. 北京：人民交通出版社，2011.

[9] 上海申通地铁集团有限公司轨道交通培训中心. 城市轨道交通车站客运服务[M]. 北京：中国铁道出版社，2010.

[10] 耿幸福，宁斌. 城市轨道交通运营安全[M]. 北京：人民交通出版社，2010.

[11] 中国红十字会总会. 救护师资培训教材[M]. 北京：社会科学文献出版社，2009.

[12] 王琛磷. 客户投诉心理分析与应对技巧[M]. 深圳：海天出版社，2007.

[13] 贾俊芳. 高速铁路客运服务[M]. 北京：中国铁道出版社，2009.

[14] 周平. 铁路旅客运输服务[M]. 北京：中国铁道出版社，2009.

[15] 中国质量协会. 顾客满意度测评手册[M]. 北京：中国社会文献出版社，2007.